Paul Guiraud

CODREANU
ET LA
GARDE DE FER

Bibliothèque
DISSIDENTE

https://bibliothequedissidente.com

CODREANU

ET LA

GARDE DE FER

Le symbole utilisé par la Garde de fer est une triple croix représentant les barreaux de la prison (en tant qu'insigne du martyre), et parfois désignée sous le nom de "Croix de l'Archange Michel", "Crucea Arhanghelului Mihail " en roumain.

Retrouvez d'autres éditions imprimées d'ouvrages numériques sur le site de la bibliothèque dissidente : https://bibliothequedissidente.com

"Par notre attitude hardie nous nous désolidarisions de la mentalité qui domine le siècle. Nous tuions en nous-mêmes un monde pour en élever un autre, haut jusqu'au ciel. Le règne absolu de la matière était renversé, pour être remplacé par celui de l'esprit et des valeurs morales. Nous ne nions pas et ne nierons pas le rôle et la nécessité de la matière dans le monde, mais nous nions et nierons toujours son droit à la prééminence…"

Corneliu Zelea Codreanu
(1899-1938)

Table des matières

Lettre – préface

Cher Monsieur,

Le manuscrit que vous avez eu l'obligeance de nous soumettre, avant de le livrer au public, sur Codreanu et la Garde de fer, nous a beaucoup touchés. Vous êtes parmi les très rares Français qui se soient attachés avec une sympathie si ardente – ce qui n'exclut point l'impartialité, et votre cas en reste une preuve éclatante – au mouvement légionnaire roumain.

Vous vous êtes donné pour tâche d'en faire un examen sommaire, mais fidèle. La Garde de fer, si mal connue en France, et si constamment dénigrée par une presse, qui prenait ses informations dans les officines gouvernementales roumaines, sait qu'elle n'a rien à perdre à être présentée sous son vrai jour au public français. Et des ouvrages comme le vôtre sont destinés, nous en sommes persuadés, à rendre un grand service aux hommes de bonne volonté, auxquels le nom seul de Garde de fer, à cause d'une propagande aussi subtile que malveillante, n'évoquait qu'assassinats, crimes mystérieux, associations secrètes, terreur, et tout ce que pouvait inventer une campagne de mensonges éhontés, fabriqués par une coterie internationale maçonnique et enjuivée, dont vous avez connu vous-même les méfaits.

À défaut d'une documentation complète suffisante, qui manque malheureusement en France, vous avez eu l'heureuse idée de vous adresser aux deux livres essentiels de Codreanu, le Livret du Chef de Nid et Pour mes Légionnaires, qui, quoiqu'ils soient parvenus à votre connaissance d'une façon fragmentaire, vous ont permis de voir que la Garde de fer est avant tout une école d'éducation morale et spirituelle, une école de sacrifice, de souffrance et de pauvreté, une initiation à l'amour du prochain et une acceptation héroïque de la mort ; que la séance du Nid commence par une prière et finit par un serment, qui n'est que le renforcement d'une adhésion volontaire. Pas de vengeance, pas de haine, pas de complots mystérieux, pas de bavardages et vantardises stupides, mais justice pour un peuple que les hommes politiques menaçaient de rendre éternellement misérable, et sévère châtiment des coupables. Et la figure généreuse de Codreanu, créateur et organisateur du mouvement légionnaire, suprême exemple de sacrifice, s'entoure, pour tous les légionnaires d'une auréole de saint et de martyr. C'est lui qui, le premier de tous les Roumains, avec une sûreté d'intuition étonnamment pénétrante, a proclamé qu'il fallait retrouver l'âme de la Nation roumaine, constamment mise en échec, d'abord par des siècles de servitude, et, tout récemment encore, par une classe dirigeante hypocrite et criminelle. Par là même, il a exprimé sa confiance dans les vertus cachées et inaltérables de notre peuple, et il a compris que ce peuple a besoin d'être libre, nous voulons dire, d'être lui-même, et non pas ce qu'on lui disait être ; qu'il avait une grande soif de liberté intérieure, en voulant pousser sur ses propres racines. C'est pourquoi le premier effort de Codreanu a été la création d'un homme nouveau, le seul vrai, le seul capable de donner un rythme nouveau à la vie du peuple roumain. C'est pour cela aussi que toute sa sympathie allait à l'Allemagne et l'Italie, où il trouvait une analogie de vues presque pareilles, sur l'Europe nouvelle, qu'il a pressentie et annoncée dans maintes déclarations publiques, en dépit des risques qu'il courait à la suite d'une telle attitude. Mais les forces occultes de la haute finance et la politique néfaste de l'ex-roi Carol II, alliées à la vanité des uns, à l'orgueil, à la jalousie, à la convoitise des autres, ont rivalisé de flatteries et basses intrigues, ont monté des procès, simulé des victimes, ont réussi enfin à créer un désarroi pénible, dans le vain et inepte espoir de briser l'élan de pureté, de jeunesse, d'enthousiasme et de force, qui avait été déclenché par le mouvement légionnaire.

Y a-t-il jamais eu un spectacle plus déprimant dans l'histoire roumaine, que l'immense bêtise des gouvernants de ces temps derniers, qui, poussés par un zèle excessif, s'exerçaient à une débauche d'autorité tantôt sauvage, tantôt ridicule, et toujours abominable, qui n'est que l'un des aspects, et non le moins grossier, d'un monde vicié, qui essaie de parer à son inévitable ruine ? Codreanu ne pouvait manquer d'être leur première cible. Il est mort, physiquement, mais sa silhouette morale nous domine de très haut et continue à être notre guide, de même que sa vision politique ne cesse d'être confirmée par les événements auxquels nous assistons en ce moment.

En effet, le six septembre dernier, comme chacun le sait, à la suite des événements dont les conséquences pèseront lourd sur la Roumanie, les légionnaires ont forcé la main d'un roi qui s'était rendu indigne de la fonction royale, ce qui a permis que la direction du pays soit prise par le Général Antonescu, homme d'une probité morale parfaite, d'une grande autorité dans le pays, par ses capacités militaires et son grand caractère, n'ayant jamais fléchi devant menaces ou vexations de toutes sortes, attaché aux légionnaires par un passé commun de souffrances personnelles, et combattant pour un même idéal de justice et de rénovation du pays.

Et la politique roumaine, dans cette période de révolution constructive, se dirige d'après les lignes tracées par Codreanu. N'avait-il pas dit, dans une déclaration retentissante, qui lui a valu tant d'insultes, que vingt-quatre heures après son arrivée au pouvoir, il adhérerait à l'Axe ? Et la lettre si courageuse dont vous publiez des passages à la fin de votre livre ? Toute la politique extérieure de la Légion était nettement orientée vers l'Axe, non tant à cause des sympathies personnelles de Codreanu, mais parce qu'il avait la certitude que l'Allemagne et l'Italie étaient animées par les mêmes aspirations que lui, qu'elles avaient assumé la tâche de bâtir une nouvelle morale européenne, dans un esprit d'équité et de justice sociales.

L'ancien régime devait donc périr sous le poids de ses erreurs fatales. Codreanu l'avait dit et redit, on l'a couvert d'injures. Il a essayé, de toute la force de son âme, virile, de le faire comprendre au pays. Il a été tué.

Ce n'est pas sans un mouvement d'indignation et d'amertume que nous voyons qu'il a fallu encore tant de sang versé par une jeunesse si durement éprouvée, pour que la Roumanie répondît à l'appel irrésistible de sa destinée historique. Mais les joies profondes ne sont que la synthèse de longues souffrances et d'innombrables sacrifices consentis pour l'accomplissement d'une belle cause. Aussi notre joie n'est-elle pas moindre, puisque nous savons aujourd'hui notre pays engagé dans la voie de sa résurrection prochaine.

LES LÉGIONNAIRES DE PARIS

30 novembre 1940.
Jour anniversaire de l'assassinat de Codreanu.

À TOUS MES CAMARADES,

QUI ONT SUBI LA PERSÉCUTION JUDÉO-DÉMOCRATIQUE ET QUI ONT PRÉFÉRÉ LA PRISON À LA TRAHISON DE LEUR FOI.

JE DÉDIE,

CE SUPRÊME ET PRESTIGIEUX EXEMPLE DU TRIOMPHE DE LA **SOUFFRANCE**.

P. G.

Avant-propos

La Providence a certainement déterminé les conditions dans lesquelles il m'a été donné de vouloir écrire ce petit livre. Rien d'autre ne m'y prédestinait que ma sympathie profonde pour ce que je savais de la Garde de fer, ou que l'analogie de spiritualité qui existe entre celle de la Légion de l'Archange et celle du Mouvement de résurrection française dans lequel je milite depuis plus de cinq ans, ayant à ce combat tout perdu et rien gagné, sinon de connaître pendant d'interminables mois la solitude des prisons.

Mais deux autres raisons, nées de la guerre et de la défaite, m'eussent aussi conduit à vouloir exalter l'œuvre roumaine.

La première, c'est de présenter aux Français terrassés de leur défaite, un exemple nouveau et original de la résurrection d'un pays, et dans l'espoir que, de ce fait, ils retrouvent l'envie de relever leur patrie du malheur. Il leur faudra apprendre à être des héros, savoir se sacrifier, ne jamais transiger avec l'honneur. Ils sont encore bien loin de ces vertus. La France ne se relèvera que s'ils les retrouvent, chacun en soi d'abord. Ils verront que l'effort individuel sauve une collectivité nationale. Y croient-ils encore ? Ils verront que le sacrifice de chacun évite le sacrifice de tous. Y pensent-ils ? Eux qui paraissent si indifférents devant un désastre qui n'a eu pour effet, semble-t-il, que de les enliser davantage dans leur égoïsme matérialiste ?

Et puis, parce que la Roumanie et la France viennent, à cause d'une identique lâcheté de connaître d'identiques souffrances, il me semble qu'un livre, qui est un hommage de sympathie, peut contribuer à permettre à ces deux Nations de trouver, dans cette souffrance même, les bases d'une fraternité nouvelle, dont l'une et l'autre ont tant besoin.

Le 24 octobre 1940,
Paul Guiraud.

INTRODUCTION

On ne peut rien comprendre au mouvement de rénovation spirituelle déclenché par Codreanu, si l'on ne s'attache pas à rechercher sous les aspects officiels et impersonnels qui lui ont été donnés, les composantes fondamentales de l'âme roumaine.

Ce peuple est extrêmement religieux ; non de cette religiosité théiste, détachée de toute révélation, et plus philosophique que religieuse, mais d'une religiosité précise, avec ses dogmes, sa morale, ses rites et ses traditions. L'immense majorité des Roumains est composée soit d'orthodoxes, soit de catholiques du rite grec. L'élite intellectuelle et démocratique, seule, s'est détachée de cette croyance pour partager la liberté de penser de l'Occident. Par-là, elle a simplement trahi sa première obligation qui était de rester constamment en contact avec le spiritualisme profond du peuple.

Ce même peuple est invinciblement antisémite. Il déteste le Juif d'instinct. Il faut dire que la proportion de ressortissants juifs en Roumanie est singulièrement élevée : près de 10 % de la population. Si l'on songe qu'en France nous voyons des Juifs partout bien qu'ils ne représentent que 1,3 % de la population totale de notre pays, on comprendra à quel degré d'exaspération a pu, aux temps modernes, atteindre l'antisémitisme roumain. D'autant plus que la population roumaine est principalement paysanne, c'est-à-dire de cette classe d'hommes la plus prédestinée à l'exploitation systématique d'Israël. Comme toujours, le Juif sera ici commerçant, intermédiaire, avocat, homme d'affaires, marchand de bestiaux ou liquidateur des biens de famille. Dans les universités on comptera jusqu'à 50 % d'étudiants juifs. Dans la politique, ils auront le tact de se cacher, mais par la finance, ils exerceront comme partout la pression définitive sur les Roumains vendus qui auront accepté de travailler pour leur compte. Certains corps officiels résisteront toutefois à l'invasion et seront traditionnellement antisémites, et particulièrement la Magistrature et l'Armée.

Le nationalisme roumain est lui aussi un sentiment populaire instinctif et fondamental. Malgré la création en 1919 de la Grande Roumanie, les politiciens n'ont pas su jouer de la puissance d'unification que représentait cet instinct, et qui pouvait singulièrement faciliter la tâche incombant alors aux gouvernements. Malgré ce nationalisme instinctif, la Roumanie n'a jamais pu acquérir la conscience de sa personnalité patriotique. Ayant eu à souffrir plus qu'aucun autre peuple de la servitude, du démantèlement et d'une histoire malheureuse, la Roumanie, jusqu'au mouvement nationaliste de Codreanu et malgré le sentiment du Peuple, avait plutôt une existence purement géographique ; son entité relevait plutôt de fictions juridiques externes que de l'élan vital unificateur interne, créateur de la personnalité nationale. Faire appel au peuple pour créer la personnalité collective de la Roumanie était un effort assuré de succès. Au moins fallait-il que se lève l'homme, qui, allant à la rencontre des aspirations profondes et inconscientes du peuple, les cristallise et les fasse passer de l'état virtuel à celui de puissance active et de réalité contre lesquelles tout se heurte et se brise.

Sur ces bases, constituant le trivium élémentaire, le mouvement de Codreanu apparaît, contrairement aux insinuations des malveillants, comme un mouvement spécifiquement roumain, tant dans ses buts que dans ses origines ethniques et spirituelles. Codreanu n'a pas créé artificiellement une nouvelle âme roumaine qui serait comme indépendante de tout le passé. Il a simplement fait ressurgir des ruines amoncelées par la Démocratie et par des siècles de paresse, la primitivité de l'âme roumaine, celle qui, il y a vingt siècles, tenait en puissance le développement d'une patrie qui s'annonçait personnelle, grande et particulièrement brillante. C'est contre un refoulement collectif que Codreanu mènera son action. Sa mission sera de faire sentir à tous les Roumains qu'il y a en eux une âme secrète, une âme inconnue qui dépasse et transcende l'âme officielle et connue ; et que, par un violent effort exigeant héroïsme et sacrifice, cette âme peut être mise à nu et être de nouveau la première puissance d'action, en chacun comme en tous. Et ainsi, se pose-t-il comme ayant entrepris la plus surprenante œuvre d'éducation collective des temps modernes.

I. JUSQU'À LA FONDATION DE LA LÉGION 1899-1927

Les origines de Codreanu

Codreanu est né le 13 septembre 1899 à Jassy, en Moldavie. Son père était, au lycée de Huci, professeur de langues étrangères. Il était lui-même né en Bucovine, du temps où celle-ci était rattachée à l'Empire austro-hongrois. Mais d'instinct, il était irrédentiste et nationaliste roumain. Il conservait dans son grenier les journaux de Iorga et de Cuza, champions du nationalisme et de l'antisémitisme roumains, que le jeune Codreanu ira lire à ses heures de liberté. C'est une bien douloureuse destinée que celle des populations habitant des territoires que se disputent deux nations antagonistes. Juridiquement, les familles changent souvent de nationalité, malgré l'apparence de stabilité que peut prendre pendant un demi-siècle le statu quo des traités. C'est ainsi que bien que Roumain, le grand-père de Codreanu, qui s'appelait Ion Zale, avait dû servir sous les armes de l'Empereur ; n'avait-il pas des propriétés à la fois en Roumanie et dans l'Empire ? En réalité, la Bucovine porte les marques de la roumanité. Arrachée depuis 1775 à la Moldavie, ses monastères sont d'architecture roumaine, et c'est en Bucovine que s'éleva la voix du grand poète roumain Mihai

Eminescu. L'Empire austro-hongrois lui-même, dont l'unité fictive n'était maintenue que par l'unité de la Couronne, a toujours vu en la province de Bucovine une région ethnique minoritaire, au même titre que la Bosnie ou l'Herzégovine tardivement rattachées. Ainsi, le caractère ethnique purement roumain de Codreanu ne peut-il être mis un seul instant en doute, malgré les complexités administratives et juridiques. Le jeune Codreanu fait ses études au lycée militaire de Mănăstirea-Dealu ; son intention est d'embrasser la carrière militaire et, du reste, le 15 août 1916, lors de l'entrée en guerre de la Roumanie, il veut s'engager comme volontaire, mais son jeune âge le fait refuser. Cela ne l'empêche pas de suivre quelque temps son père aux armées. Après quoi, il dut rejoindre l'école militaire de Botoşani, puis, la guerre terminée, le lycée de Huci. C'est là que, dès 1919, il fonde, avec une vingtaine de camarades des classes supérieures, un cercle d'études nationales camouflant une société plus secrète ayant pour but de lutter contre le bolchevisme, les armes à la main.

Le plus curieux c'est que ces garçons qui n'avaient pas vingt ans, trouvèrent en effet autant d'armes qu'ils voulurent. Et, soucieux comme il devait l'être toute sa vie, de faire appel aux sentiments les plus profonds de l'âme, il fait prêter serment par ses jeunes camarades.

À la Faculté de Droit de Jassy

C'est en 1919 que Codreanu s'inscrit à l'université de Jassy, à la faculté de droit. Jassy est une ville importante, très enjuivée naturellement (50 % des habitants), et dont l'université a une réputation de premier ordre en Roumanie, qui la situe comme la plus importante après celle de la capitale. Plus de six mille étudiants donnaient à cette ville le caractère bien connu des villes universitaires, avec cette note particulière toutefois, que les étudiants roumains sont pour la plupart des fils de paysans ou de popes, généralement pauvres. Ils vivent, non en ville et individuellement, mais réunis dans des foyers d'étudiants mis à leur disposition par l'administration universitaire. La vie collective dans ces foyers est laborieuse et austère. L'ordinaire des repas est particulièrement modeste et il n'est pas rare que le pain n'y soit pas blanc. Cette manière de vivre a pour effet de créer entre les étudiants des liens de solidarité plus réels que ceux qui existent chez nous.

Le professeur Cuza, champion de l'antisémitisme roumain

C'est là que Codreanu retrouve le professeur

Cuza qui y enseigne l'Économie politique. Il faut insister un peu sur cette personnalité qui domine intellectuellement tout le mouvement antisémite roumain. Le professeur Cuza est un peu pour la Roumanie ce qu'a été Drumont pour la France. Du reste, est- ce coïncidence fortuite ou rapprochement délibéré, mais la photographie du grand antisémite français orne le mur du bureau de travail du grand antisémite roumain, et les deux hommes se sont connus. Comme Drumont, Cuza a passé sa vie à élaborer la doctrine du nationalisme antisémite roumain. Homme de talent, spirituel, fin, mordant, ses articles sont lus par tout le monde, et chacun va répétant les épigrammes très durs et très méchants qu'il écrit contre les Juifs. Mais, ces brillantes qualités ont un revers. Trop intellectuel, Cuza n'est pas homme d'action. Depuis cinquante ans déjà qu'il fait de l'antisémitisme, il n'a rien obtenu de pratique en ce domaine. Il n'a créé aucune organisation pour donner une vie propre et efficace au mouvement d'idées dont il s'est fait le propagateur. Il risque, si cela continue, de persuader les Roumains que, malgré l'antisémitisme de chacun, il n'y a rien a faire de positif contre l'invasion des Juifs.

Et aucun sentiment ne serait plus dangereux que celui-là pour le peuple roumain, si prêt à se donner et à s'enthousiasmer.

La situation politique de la Roumanie à cette époque : Une situation de grande dépression morale

Ajoutez à cela la situation politique de la Roumanie à cette époque et principalement des Roumains de la province de Jassy.

Une plèbe paysanne toute roumaine, extrêmement pauvre, et dont le standard de vie est, avec celui des Polonais, l'un des plus bas de toute l'Europe. Cette plèbe jouit théoriquement de certaines libertés politiques, mais en fait elle est attachée à la terre et au propriétaire. Elle est en somme dans une situation fort analogue à celle de nos paysans de France du régime monarchique. Au-dessus d'elle, la classe des petits propriétaires ruraux est presque inexistante. Par contre la grande aristocratie paysanne des gros propriétaires, constituant ce qu'on a bien voulu appeler élite (probablement par antiphrase), et qui exploite cette plèbe avec cette sérénité de conscience propre aux gens qui croient en la pérennité de leurs privilèges. Entre ces deux classes extrêmes, un vide immense que les Juifs, habiles, se sont empressés de remplir. Il y a là tout un monde grouillant d'affairistes, qui, depuis le plus humble cabaret de village jusqu'au plus grand cabinet d'affaires en ville, pillent, exploitent et drainent l'argent, contribuant à maintenir le pauvre dans sa condition de déshérité. La réforme agraire de 1919 qui avait soulevé tant d'espoir reste sans aucun effet. Le peuple se retrouve serf après comme avant. Et la politique plus que jamais, usurpe des droits qui ne lui appartiennent plus. Les politiciens qui, en 1877, ont conquis l'indépendance du pays, n'ont pas été capables de donner à ce pays une législation faite à son image. Ils se sont contentés de copier servilement la législation française, qui ne pouvait absolument pas être l'expression des besoins propres au peuple roumain. Ivres de leur victoire, ils s'avèrent bientôt incapables de faire l'unité morale d'une Roumanie étendue à ses frontières ethniques. À l'exploitation économique du peuple va s'ajouter la monstrueuse exploitation politique, qui est la marque des démocraties paresseuses et déliquescentes. On ne verra nulle part, en Europe, de démagogie aussi éhontée, ni de mœurs électorales aussi corrompues. Bref, c'est une atmosphère de profonde dépression morale que celle du peuple roumain d'après-guerre. Ce peuple qui venait de prendre en Europe orientale une position de tout premier plan, n'avait pas le dynamisme d'établir, ni de maintenir cette position sur des bases solides. Le régime de la facilité générale contribuera à amollir encore ce qui pouvait demeurer de solide. C'en est fait de la victoire et de la Roumanie elle-même, si ne se produit pas la violente réaction de résurrection.

Premières actions politiques de Codreanu. La Garde de la Conscience nationale. Les Congrès d'étudiants.

Codreanu, jeune étudiant, sent tout cela. Le professeur Cuza, qui lui permet de donner à ses sentiments profonds l'étoffe indispensable de la doctrine et de la systématisation, le déconcerte cependant par l'inertie de son action. Car, il faut agir ! Il est impossible de s'attarder dans le détail sur tout ce qu'il fit à cette époque. Mais on doit cependant noter le mouvement qu'il suscita en collaboration avec un ouvrier, Panco, véritable colosse, qui avait fondé la Garde de la Conscience nationale. Il n'en faut pas plus à Codreanu. Contre les Juifs, le bolchevisme et la dissolution de la Conscience nationale, il se lance avec ardeur dans le combat et déjà révèle son magnifique courage. Bagarres, intimidations, menaces, actions d'éclat, tout contribue à mettre Codreanu en vedette et à préparer sa jeune personnalité à être celle d'un chef. Il reste acquis que l'action de Panco et de Codreanu à Jassy et dans la province, a été l'une des causes premières de l'échec des bolchevistes en Roumanie septentrionale.

Au Congrès des étudiants de Cluj, en 1922,

Codreanu ne représentant qu'une centaine d'étudiants, fit voter sa motion antijuive par les cinq mille congressistes ; succès sans précédent et qui porta à son comble la popularité de Codreanu à Jassy. Il allait du reste de succès en succès. C'est ainsi que le recteur de l'université ayant décidé de supprimer la messe inaugurale de la session universitaire, Codreanu et quelques étudiants menèrent une telle campagne (s'opposant par la force à l'ouverture des portes de la faculté, avant que cette messe ait eu lieu), que le recteur dut revenir sur sa décision. Mais, pour camoufler son recul, le recteur sollicita des professeurs de la faculté de droit l'exclusion de Codreanu. Mal lui en prit. Les professeurs, qui comme Cuza, l'un des leurs, sont antisémites, repoussent cette demande et continuent de recevoir Codreanu à leurs cours. On conçoit que dans ces conditions, Codreanu ait été élu président de l'Association des étudiants chrétiens, qu'il fonda à l'époque et dans laquelle aucun juif ne pouvait être admis. Le recteur ne valida pas cette élection, mais, avec une audace rare, Codreanu se valida lui-même.

Court séjour à Berlin.

Sa licence de droit heureusement terminée, Codreanu, qui n'a que vingt- trois ans, part en

Allemagne et s'inscrit à l'université de Berlin. Le jour de l'ouverture de cette université, il se présente en costume national roumain. Il mène là-bas, pendant quelques mois, une vie pauvre et de travail.

Pour pouvoir subvenir à ses besoins, il se charge d'approvisionner de petits restaurants en légumes qu'il va chercher à l'aube chez les maraîchers des environs.

Fondation, en collaboration avec Cuza, de la Ligue de défense nationale chrétienne

Une grande grève d'étudiants éclate à Jassy, le 10 novembre 1922. Codreanu reçoit des militants antisémites le programme de la grève. Il le blâme et rentre à Jassy pour s'occuper activement du mouvement antisémite en pleine recrudescence. Dans le contre-programme qu'il propose, il dit déjà : « Le mouvement universitaire doit s'étendre à tout le peuple roumain. Le mouvement national doit être encadré dans une seule organisation et commandé par un seul chef. » Mais Codreanu n'a pas encore vingt-quatre ans. Il est téméraire à cet âge-là de vouloir être ce Chef et fonder cette organisation. Codreanu se sent assez fort pour provoquer ce grand mouvement, mais il lui faut un drapeau qui en favorise le lancement. Dès 1923, il force la main au professeur Cuza pour fonder la Ligue de défense nationale chrétienne. Car, quand Codreanu a un projet, il le réalise toujours immédiatement. Cuza craint cette action, mais le dynamisme de Codreanu est immense « Il faut capter, organiser ! ». La Ligue a déjà son journal : La Défense nationale, que Cuza a fondé en 1922, avec Codreanu. C'est alors que commence une vie agitée et tourmentée, faite de voyages et de rayonnement. À Bucarest et à Cluj notamment, le mouvement qui sera fort connu plus tard sous le titre simplifié de National-chrétien, et qui aura même un de ses membres président du Conseil, part rapidement et suscite des enthousiasmes actifs.

La première arrestation. Le premier complot. Internement à la prison de Văcărești.

La maladresse des pouvoirs publics n'allait pas tarder à se manifester et à favoriser indirectement l'essor du nouveau mouvement. Tandis que la grève des universités continuait, le gouvernement commit la faute de réformer l'article 7 de la Constitution roumaine et accorda les droits civiques aux Juifs (mars 1923). De très nombreuses manifestations eurent lieu à Jassy contre cette mesure ; c'est au cours de l'une d'elles que pour la première fois de sa vie Codreanu fut arrêté. L'ère des persécutions commençait, qui au cours d'un long chemin de Croix, devait le conduire au plus terrible des calvaires. Dans le même temps, l'administration universitaire fit pression sur les étudiants pour obtenir la cessation de la grève.

Nous avons dit que cette administration ne manquait pas de moyen de pression, ne serait-ce que les foyers, les cantines et les bourses. Codreanu estima que le moment était venu de frapper un grand coup dans l'opinion, et de punir les dirigeants qui, au moment même où ils accordaient plus de libertés aux Juifs, commençaient à persécuter les Roumains. Il fallait donner un exemple, et démontrer au peuple que le mensonge, l'hypocrisie et l'enjuivement ne peuvent triompher. Il réunit sept camarades, et ils dressent ensemble une liste de ministres responsables. Ils décident de les supprimer. Le complot est éventé, avant que l'ombre même d'un commencement d'exécution soit envisagé. On saura par la suite, que les « conjurés » furent trahis à Brătianu, président du Conseil, par l'un d'eux, un certain Vernicesco. Ils sont tous arrêtés à Bucarest, et incarcérés à la prison de Văcăreşti. C'est là, dans cette prison, que se produisit dans la vie de Codreanu, un événement purement spirituel et intérieur, mais qui eut sur toute sa vie une importance considérable.

La révélation de l'Archange Michel.

Codreanu allait souvent à la chapelle de la prison pour prier. Un jour, prosterné devant l'icône de l'Archange saint Michel, il prie pour demander à l'Ange exterminateur, vainqueur de Satan, de l'aider et de le soutenir constamment dans le combat qu'il veut poursuivre contre les forces du mal, assaillant la Roumanie. Autosuggestion, hallucination psychologique, ou véritable communion mystique ? Que se passa-t-il alors dans l'intensité de sa prière ? Toujours est-il que Codreanu eut la révélation invincible que l'Archange saint Michel appuierait le combat qu'il allait entreprendre. Encore tout troublé jusqu'au plus profond de lui-même par cette mystérieuse révélation, Codreanu fit faire une copie exacte de l'icône.

Et désormais, nous le verrons marcher avec confiance, sous la protection de l'Archange, dans tous les cas où il se sentira abandonné.

Le Procès et l'acquittement.

Au cours des interrogatoires qu'il dût subir, Codreanu répondit affirmativement avec une belle crânerie, sur la question de savoir s'il avait eu l'intention de fomenter et d'exécuter le complot dont on l'accusait. Mais une question lui importait bien davantage : il fallait punir le traître qui les avait dénoncés. À la veille du procès, un codétenu de Codreanu, Moţa, un fils de pope, qui devait plus tard épouser la sœur de Codreanu, se procure un revolver, et, à l'audience, tire sur Vernicesco. Pendant qu'on emmène le blessé, Moţa qui fera figure, plus tard, du plus pur héros et du saint de la Légion, reste impassible, de cette sérénité que donne la conscience claire du devoir accompli. Ils sont tous acquittés, malgré ce prélude défavorable, le tribunal ne pouvant retenir contre eux qu'une intention, mais aucun fait témoignant d'un commencement d'exécution. Moţa et le complice qui lui avait remis le revolver demeurent en prison pour leur action contre Vernicesco. Contre toute attente, ils seront eux aussi acquittés l'année suivante. L'emprisonnement de Codreanu n'en avait pas moins duré d'octobre 1923 à avril 1924.

Le premier camp de travail.

Mais chaque difficulté dans la vie de Codreanu constitue une étape et est créatrice d'un mouvement nouveau, d'une impulsion en avant. Codreanu, prodigieusement réalisateur, et pour qui une idée n'est rien si elle ne se transforme en acte, entrevit tout de suite la faiblesse interne du mouvement universitaire. On sait que le complot était né dans son esprit à la suite de la pression exercée contre les étudiants par l'administration universitaire, maîtresse des foyers. Il fallait libérer les étudiants de cette tutelle, et que les mendiants chrétiens eussent leur foyer à eux. Aussitôt conçu, le projet est mis en voie de réalisation. Le 8 mai 1924, Codreanu crée avec ses camarades étudiants, le premier camp de travail, avec cette première mission : fabriquer les briques nécessaires à la construction envisagée. Nous aurons maintes fois l'occasion de parler des camps de travail. Notons, dès à présent, que c'est là une création absolument originale de Codreanu ; aucun pays n'avait encore envisagé cette méthode de discipline collective et de vie commune. Codreanu voyait dans le travail, y compris et peut-être principalement dans le travail manuel, la grande loi, la loi humaine par excellence. Il aimait que s'y plient conjointement et sans distinction, des ouvriers et des étudiants. Le travail ainsi accompli est de la solidarité sociale en acte et non en déclamations. Il constitue la preuve de la fraternité, par le fait et non par le syllogisme. Et sa dure loi commune crée un indispensable esprit communautaire. Vingt-six étudiants quittèrent donc

Jassy, sans un sou vaillant en poche, et se rendirent à Ungheni, où l'établissement du camp avait été décidé. Un ami avait, en effet, mis à la disposition des travailleurs un assez vaste terrain propice. Là, divisés en cinq équipes et travaillant de quatre heures du matin à neuf heures du soir, ils fabriquaient près de trois mille briques par jour. Quant à l'alimentation des travailleurs, elle était assurée par la culture d'un champ de deux hectares, qui leur avait été cédé.

Interdiction du camp. Arrestation des travailleurs. Colère de Codreanu contre l'ignoble préfet de police Manciu.

Il va sans dire que le gouvernement libéral et son représentant dans la province de Jassy, le préfet de police Manciu, voient d'un très mauvais œil cette entreprise nouvelle. Et bien qu'aucune loi n'autorise une telle opération (comment y en aurait-il, puisque c'est la première fois dans l'histoire qu'apparaît le camp de travail ?) le préfet de police décide d'interdire les travaux et, accompagné de ses sbires, il procède, dès le 31 mai à l'arrestation de tous les travailleurs du camp. Les méthodes de ce monsieur sont particulièrement odieuses et humiliantes. Les hommes sont battus et giflés en public. Codreanu a le visage souillé des crachats des inspecteurs, et, sans être lavé, il est traîné, menottes aux mains dans les rues de Jassy. Incarcérés, ils sont bientôt relâchés, car on ne peut retenir contre eux aucune infraction à la loi. Mais Codreanu ne l'entend pas ainsi ; il demande et obtient une enquête administrative. Celle-ci, menée avec une partialité déconcertante ne peut, dans ses conclusions, formuler l'interdiction du camp de travail, mais le gouvernement, dans un geste symbolique, décore le préfet de police, et hâte l'avancement des commissaires qui avaient procédé aux arrestations.

Brimades odieuses et qui n'apaisent pas l'opinion, au contraire. Très abattu, Codreanu se retire pour quelque temps dans la montagne. Il aime l'isolement de la Nature ; il a une prédilection et une confiance toute particulière pour les immenses étendues forestières de la Bucovine. On dirait qu'il s'inspire dans la nature roumaine, il communie aux vertus primitives, apaisantes et réconfortantes de la race. Il écrit en parlant des fameux grands bois de Tigheciu : « Sur ces sentiers, au cours de 1'histoire moldave, bien des fois nos ennemis trouveront la mort. » Car la forêt est la force protectrice naturelle de la Roumanie.

L'exécution de Manciu. L'acquittement et le retour triomphal à Jassy.

Revenu à Jassy, un nouveau combat et de

nouvelles persécutions l'attendent. Mais déjà l'on sent bien que rien n'arrêtera plus ce jeune homme de vingt-cinq ans, animé singulièrement d'une mystique invincible de résurrection et qui affronte le sacrifice, comme si c'était au prix de sa personne qu'il fallait acheter le triomphe. N'est-ce pas à ce prix que la Providence a voulu seulement permettre le triomphe de sa Légion ? Le 25 octobre 1924, Codreanu devenu avocat, doit plaider pour un étudiant, qui, ayant été odieusement maltraité par le préfet de police avait traduit ce dernier devant les tribunaux.

À l'audience, Manciu se présente avec une vingtaine de policiers et, à peine entré dans l'enceinte, il se jette littéralement sur Codreanu. Celui-ci n'hésite pas un instant ; il sort son revolver et tire. Manciu s'écroule, mort. Cette exécution fait justice d'un des plus misérables personnages officiels de l'époque. Codreanu est bien entendu arrêté sur le champ et interné (pour la troisième fois déjà, de sa courte vie), à la prison.

Mais toute la vie de Codreanu est faite de souffrances qui sont le prélude d'un bond en avant. Le gouvernement affolé par la tournure que prennent les événements, et très inquiet de la popularité grandissante de celui qui n'est, à ses yeux, qu'un « terroriste », décide que le procès n'aura pas lieu à Jassy, mais à Focşani. Mais là aussi, la foule manifeste sa sympathie aux fenêtres de la cellule du prisonnier. Et le gouvernement, cette fois, décide de le transférer à l'autre extrémité du pays. Mal lui en prit encore une fois, car là encore le procès qui s'ouvrit, le 20 mai 1925, devait révéler la profondeur et l'extension du mouvement déclenché par Codreanu. On s'en rendra compte à ce fantastique détail que 19 300 avocats se firent inscrire comme défenseurs bénévoles et volontaires de l'accusé ! Quelle gifle pour le gouvernement libéral ! Codreanu fut acquitté, aux applaudissements de la foule, les jurés arborant à leur boutonnière l'insigne du mouvement national chrétien. La popularité de Codreanu est à son comble. Le retour à Jassy est triomphal. Aux gares, les populations attendent son train, et dans une émotion collective indescriptible, elles l'acclament sans fin. Une communion invincible de sentiments s'établit entre cette foule et Codreanu, qui note à ce moment « Les foules ont parfois un contact passager, une minute de vision avec le peuple du passé et ses morts. Elles ressentent alors l'instinct de la grandeur de la Nation. Et ce contact est si fort, les remuant comme un tremblement de terre, que les foules, bouleversées, pleurent. »

Mariage de Codreanu à Focşani.
Cérémonie sans précédent.

Le 14 juin de la même année, Codreanu se marie. Cette cérémonie dépassa en importance tout ce que l'on peut imaginer, pour ce genre habituel de fête.

La ville de Focşani qui ne se consolait pas de ne pas avoir été le siège du grand procès précédent, revendiqua le privilège d'être choisie par Codreanu pour y célébrer son mariage. Il y eut 100 000 personnes pour entourer le héros à cette occasion. En tête du cortège, Codreanu à cheval, était suivi de deux mille trois cents véhicules, précédant une colonne dont la longueur dépassait sept kilomètres. Codreanu était déjà loin dans la campagne que la fin du cortège quittait à peine la ville. Rien, comme cette grandiose cérémonie ne rend compte de l'immense popularité acquise par Codreanu dès cette époque, et de l'attirance qu'il exerçait sur les foules. La cérémonie fut filmée, mais le gouvernement inquiet, fit interdire la projection de la pellicule.

Premier séjour à Grenoble. Pensées profondes de Codreanu sur la France.

Le 13 septembre 1925, Codreanu part avec sa femme pour Grenoble. On ne sait pas exactement les motifs qui le poussèrent à cet exil volontaire au moment où sans doute, il lui était possible de donner déjà le maximum de sa mesure. Il semble qu'il y ait eu entre lui et le professeur Cuza, une certaine divergence de vue sur les méthodes d'action de la Ligue nationale chrétienne. Le vieux professeur, intellectuel et timide, comprenait mal (et peut-être même blâmait ?) l'orientation de l'action si incisive de Codreanu. Il semble que ce dernier, par respect pour la personnalité de Cuza, ait délibérément choisi de s'effacer et d'attendre que les événements lui donnent raison. À Grenoble, il retrouve soixante étudiants de Roumanie, dont cinquante-cinq sont Juifs. Il s'inscrit au doctorat, bien que ne connaissant pas le français. À Noël déjà, il dit cependant être en mesure de suivre les cours sans trop de difficultés.

Je dois ici rendre compte d'un sentiment personnel. La lecture des pages que Codreanu a consacrées à son séjour en France a été pour moi l'occasion d'une émotion intense, et d'une grande admiration. Avec une sûreté de vision presque miraculeuse, Codreanu sent fort bien que la France de 1925 est en rupture avec la vraie France. Il pressent la douloureuse destinée de notre pays enjuivé et soumis à la dictature spirituelle et politique des francs-maçons. Avec quelle puissance de sentiments il exalte la vieille France ; celle des Églises moyenâgeuses, celle des ruines ancestrales, celle des monastères et des abbayes. Exactement comme s'il avait été dans son propre pays, l'attirance du passé le fait communier à l'âme fondamentale de notre Patrie, mieux peut-être que beaucoup de Français ne sont jamais arrivés à le faire. Il y avait en Codreanu un instinct sûr et impérieux, qui, où qu'il se serait trouvé, lui aurait fait prendre contact avec les forces saines, et l'aurait détourné des aspects morbides et dégénérés, des âmes nationales.

« *[…] Les jours fériés*, écrit-il, *je commençai à faire de petites excursions autour de la ville. Les ruines des vieux châteaux et des vieilles tours m'impressionnaient Qui donc a pu jadis les habiter ? Est-il possible que tout le monde les ait oubliés ? Il faut que j'aille leur rendre visite. J'entrai dans les ruines et restai là environ une heure, dans un silence ininterrompu, parlant avec les morts.*
En ville, sur la préfecture, sur le palais de justice et sur d'autres monuments publics, on trouvait l'étoile maçonnique. Symbole de la domination absolue de l'hydre juive sur la France. C'est pour cela que je m'étais retiré dans la vieille ville, là où il y a les églises et les croix noircies par le temps et l'oubli. J'évitais les cinémas modernes, les théâtres et les cafés, et je me réfugiais sur les restes de murailles, là où je croyais que Bayard avait passé. Je me plongeai dans le passé, et à ma grande satisfaction, je sentais la France historique, la France chrétienne, la France nationaliste. Ce n'est pas la France judéo-maçonnique, athée et cosmopolite. C'est la France de Bayard et non de Léon Blum ! J'ai visité aussi le vieux couvent de la Grande Chartreuse, d'où mille moines furent chassés par l'État laïc. Sur quelques statues j'ai vu les traces

des pierres que la foule au moment de la Révolution avait jetées, pour frapper Dieu ! ».

Après avoir lu ces pages, un Français peut-il continuer à croire que Codreanu n'avait pas une instinctive attirance pour la vraie France ? Il y a là des accents de sympathie qu'il est extrêmement rare de trouver de la part d'un étranger. Ceux qui présentent Codreanu comme ayant été francophobe le font parce qu'ils confondent la France et son gouvernement, que Codreanu méprisait.

Court retour en Roumanie.

La chute du gouvernement libéral, la dissolution du parlement, et l'annonce de nouvelles élections ramènent Codreanu en Roumanie, où il va conduire la bataille électorale de la Ligue de Cuza. Lui-même se pose candidat à Focşani où il connut naguère une immense popularité. Mais les brimades officielles empêchent toute propagande électorale réelle, et la pression gouvernementale exercée par des moyens absolument scandaleux jouent évidemment, principalement contre lui. Après une bataille difficile, semée de bagarres sanglantes contre les adversaires, mais surtout contre la police, Codreanu échoue. Toutefois, le professeur Cuza et neuf autres candidats de la Ligue sont élus. Parlementairement, c'est un incontestable succès pour un parti qui affronte pour la première fois ce genre de combat, et qui n'a en somme que quelques années d'existence. Mais Codreanu n'est pas content. Il craint que ce succès purement constitutionnel ne stérilise le dynamisme révolutionnaire de la Ligue. Et il repart pour Grenoble où, du reste, il avait laissé sa femme.

Deuxième séjour à Grenoble. Codreanu docteur en droit.

Là, pendant un an, il mènera une vie austère de labeur et de privations. Il habitera un petit village, Pont-d'Uriage, sur les hauteurs environnant la ville. Il parlera avec les paysans de France, les initiant en langage simple aux problèmes politiques et économiques. Il sera tellement aimé qu'à son départ, des paysans l'accompagneront jusqu'à la gare de Grenoble. Son souvenir est resté là-bas très vif et je pense que les Français se feront un devoir de fixer un jour la mémoire du séjour de Codreanu, et de rappeler à tous qu'il fut l'hôte de la France.

Travaillant de jour à l'université, et au crépuscule à des travaux champêtres ou de broderie lui permettant d'assurer la modeste existence du ménage. Codreanu passera avec succès en un an et demi les certificats réglementaires du doctorat en droit. Il était cependant d'une intelligence plus intuitive que discursive. Mais il savait se plier à toutes les disciplines de l'esprit. Plus tard, il devra faire l'étonnement de ceux qui l'approcheront par son extraordinaire conscience du détail, alliée à une suprême vision des idées générales. Contraste symbolique, mais magnifique synthèse intellectuelle, dont, avec Pascal, on doit penser qu'elle est le critère infaillible du génie.

La Ligue de Cuza en pleine crise.
Codreanu n'opte pour aucun des partis de la scission.

Ses amis, ses plus vrais amis, ceux qui avaient avec lui connu la prison de Văcăreşti, lui écrivaient cependant que sa présence en Roumanie devenait indispensable. Un conflit menaçait sérieusement de détruire l'unité de la Ligue nationale chrétienne. Car Cuza, devenu député, semblait vouloir détourner la Ligue de l'atmosphère mystique et anticonstitutionnelle, sous le signe de laquelle cependant elle était née. À propos d'un conflit d'ordre purement parlementaire, la scission éclate. Cinq députés se détachent de Cuza et se solidarisent avec un jeune député que le vieux professeur avait exclu du groupe parlementaire de la Ligue. Ce genre de conflit, on le comprend, est de ceux qui peuvent le plus déplaire à Codreanu. Il lui est impossible de prendre parti pour le professeur ou pour les députés de la scission. Tout cela sent le parlementarisme à plein nez. Ah ! comme c'est étranger à son esprit de résurrection de l'homme nouveau ! Non, décidément, pas plus avec Cuza qu'avec les autres on ne pourra entreprendre l'œuvre d'éducation héroïque de l'homme qui seule permettra la création de la Roumanie nouvelle. C'est un tout autre esprit qu'il faut, une toute autre volonté. Sa décision brutalement est prise.

Le 24 juin 1927, Codreanu fonde la Légion de l'Archange saint Michel.

Le 24 juin 1927, Codreanu convoque pour dix heures du soir les sept camarades qui avaient été avec lui emprisonnés à Văcărești, et parlant devant la copie de l'icône de l'Archange saint Michel qu'il avait fait faire dans cette prison, il leur dit ces simples mots :

« Aujourd'hui, 24 juin 1927 je crée, sous mon commandement, la Légion de l'Archange Michel. Qu'il vienne parmi nous, celui qui a la Foi illimitée. Qu'il reste loin de nous celui qui ne l'a pas.

Je nomme Radu Mironovici, chef de la Garde de l'icône. »

Le plus grand acte de sa vie venait d'être accompli dans la plus grande simplicité. Le pas que tout son passé l'obligeait à faire, Codreanu venait de le franchir dans les plus mauvaises conditions peut-être, alors que sa popularité dans la masse n'était plus ce qu'elle avait été. Qu'importe ! Le regard clair, et perdu dans le lointain d'une vision qu'il avait, seul, Codreanu, chef serein, s'engage fermement et délibérément dans la vie révolutionnaire et de sacrifices qu'il couronnera de son héroïque martyre.

Recueillement...

Il convient de suspendre un moment l'historique de la vie de Codreanu.

L'étudiant est maintenant chef, sur la voie suprême du sacrifice. Il ne sortira pas un seul instant de cette voie. Il souffrira plus qu'aucun homme au monde n'a dû souffrir pour son pays.

Le voilà désormais déterminé. L'homme a trouvé son destin. C'est une implacable logique qui, de l'acte du 24 juin 1927, le conduira à la prison et à la mort sanglante du 30 novembre 1938.

Cette voie, ce calvaire, créateur de bienfaits pour ses camarades, son peuple et sa nation, il les a gravis avec un groupe restreint d'abord, d'hommes dévoués auxquels il inculquera le goût du sacrifice et de l'héroïsme. Il parviendra à leur faire partager ce sentiment si extraordinaire du goût joyeux de la mort, qui sera pour eux attirante.

Il leur dira : « *À quoi sert de vivre ? L'essentiel est de ressusciter…* »

Et tous comprendront. Et tous se soumettront à cet appel qui aura singulièrement l'air de venir de par-delà les tombes fermées des ancêtres.

Il les organisera en une Légion et en une Garde. Et ils ne feront qu'un en cette Légion et en cette Garde. Leur vie sera sa vie, comme sa pensée sera leur pensée. Son histoire sera leur histoire.

Il faut maintenant connaître cette Légion et cette Garde ; voir comment le glorieux Capitaine a obtenu de si étranges, de si sublimes élites… Je crois que nous rentrons maintenant comme dans un sanctuaire.

Pauvres hommes d'Occident que nous sommes, pleins de logique et de sécheresse du cœur, découvrons-nous devant les hommes avec qui nous allons être maintenant en contact.

Ils sont meilleurs que nous ! Et c'est pourquoi sans doute, la Providence leur a-t-elle donné, par surcroît à leur devoir héroïquement accompli, le privilège du triomphe d'ici-bas.

II. L'ORGANISATION ET LA SPIRITUALITÉ LÉGIONNAIRES

La Légion de l'Archange saint Michel

La Légion de l'Archange saint Michel, plus connue en France sous l'un seulement de ses aspects : la Garde de fer, n'est pas une ligue, encore bien moins un parti. Elle ne ressemble en rien aux organisations politiques françaises ou étrangères dont l'histoire contemporaine nous offre tant d'exemples. Elle est un mouvement absolument original dont le but premier et la raison d'être sont le redressement spirituel et moral de l'homme, la création d'un homme nouveau, en rupture avec l'homme démocratique du moment, qui est individualiste et lâche. Elle est la tentative la plus loyale, comme aussi la plus adéquate pour mettre à nu en chacun de nous le héros originel qui dort, étouffé par les oripeaux vulgaires de l'homme quotidien, de l'homme banal, de l'homme fade que nous sommes tous couramment, et qui est l'antinomie même du héros que nous pourrions être. On comprend aisément que si tel est le but final de la Garde de fer, les caractères de ce mouvement doivent être essentiellement différents de ceux des partis tout spécifiquement politiques, dont le but et la raison d'être sont la prise révolutionnaire du pouvoir pour l'application systématique d'un programme d'action établi à l'avance en vue du relèvement à la fois socialiste et national d'un pays. À telle enseigne que l'observateur qui aborde la Garde de fer avec l'esprit politique est singulièrement déconcerté par la place de peu d'importance que tient dans ce mouvement la politique proprement dite, – celle dont nous avons les cerveaux farcis, celle qui a détourné les cœurs des sentiments les plus vrais et les plus profonds, celle qui est devenue le prisme déformant à travers lequel le XXe siècle artificiel entrevoit la réalité. Le Français, dont l'esprit sécrète de la politique aussi spontanément que le foie sécrète de la bile, doit faire un violent effort pour reconquérir une sorte de virginité spirituelle, s'il veut comprendre l'âme même qui souffle dans la Garde de fer et à laquelle tous les légionnaires communient dans un identique esprit de passion mystique et d'ascèse.

Il sera surpris au suprême degré par les lois intérieures et commandements fondamentaux auxquels se plient les jeunes gens de la Garde ; certains rites d'aspect religieux heurteront ce qu'il y a de stérile et froide logique dans son esprit cartésien. Mais s'il chasse loin de lui toutes ces dépouilles mortes et tout ce faux humanisme rationaliste qui a fait de lui malgré sa tradition l'Européen le moins enthousiaste, le moins sensible aux frémissements du cœur, le plus égoïste devant l'action à entreprendre, alors il comprendra combien sont libératrices ces chaînes qui relient l'homme rénové, malgré ce siècle corrompu, à l'homme vrai des siècles du passé. Je ne peux pas trouver pour exprimer ce sentiment de libération personnelle, d'autre expression que celle qu'on pourrait appliquer au pécheur repenti, heureux de trouver au fond d'un cloître cette paix que la Providence n'accorde qu'aux hommes de bonne volonté, ou qu'à ces petits enfants, élus privilégiés à cause de la virginité générale de leur être.

Les Confraternités de la Croix.

On conçoit qu'une telle œuvre de régénération doive s'attacher avec une particulière prédilection à l'enfant et à l'adolescent. La réceptivité est la plus grande à ces âges où la personnalité de l'homme à venir est en gestation. Et si les idées ou les instincts mauvais ont grande prise sur les jeunes cerveaux ou sur des volontés encore mal affermies, c'est aussi à cet âge qu'une émulation pour le bien et qu'une contagion de l'héroïsme ont le plus de chance de porter des fruits heureux. Aussi existe-t-il au sein de la Garde de fer des associations pour les jeunes de moins de dix-huit ans. Ces associations s'appellent

Confraternités de la Croix. Ce titre ne doit rien évoquer de particulièrement chrétien, encore moins ne doit-il pas laisser entendre qu'il existe au sein de ces confraternités une influence cléricale. Il se réfère seulement à une ancienne coutume, aujourd'hui généralement abandonnée, selon laquelle deux amis se manifestaient, l'un à l'autre l'indéfectibilité de leurs liens d'affection en se faisant au poignet une légère incision en forme de croix et en buvant mutuellement le sang qui en jaillissait. Purement symbolique, cette allusion à une ancestrale tradition, ne doit être entendue que pour marquer l'entière amitié faite de sentiments indéfectibles, d'affection et de solidarité qui unit entre eux les membres des Confraternités de la Croix. Ils doivent être entre eux, et ils sont en réalité, frères jusqu'à la mort. C'est une discipline austère et qui par certains de ses aspects et de ses méthodes rappellent la discipline des assemblées primitives des Chrétiens, qui soumet à une loi commune les enfants et les adolescents de la Confraternité. La volonté de chacun doit se soumettre à des exercices et doit s'interdire de contracter les habitudes courantes qui témoignent généralement d'un relâchement de la discipline personnelle. Ainsi le jeune membre de la Confraternité doit-il s'abstenir totalement de fumer, de boire de l'alcool et doit-il se maintenir chaste jusqu'à sa sortie de la Confraternité. Règles plus morales que politiques, on en conviendra aisément, et qui paraissent à notre jugement individualiste une incursion peu justiciable d'une association temporelle dans le domaine que, jalousement, nous voulons inviolable, de notre moralité privée. En réalité, il s'agit là d'une autodiscipline de fer dont les résultats ont toujours été magnifiquement appréciables.

Tous les légionnaires s'accordent à reconnaître que les meilleurs parmi eux sont ceux qui ont eu le privilège d'avoir partagé la discipline des Confraternités de la Croix. Le jeune enfant ou l'adolescent doit, en outre, tenir à jour une sorte de carnet quotidien de ses actions et de ses pensées, ainsi qu'un livre de ses dépenses, d'où le superflu doit être banni. À la fin de chaque mois, il doit verser à la Légion une somme déterminée et qui est proportionnelle à ses dépenses du mois. Ainsi s'habitue-t-il avec méthode à une discipline d'économie, d'ordre et de sacrifice qui sont, à n'en pas douter, des piliers de la future morale sociale, indispensable à tout État politique qui se targue d'être rénové. Enfin, les membres des Confraternités de la Croix doivent consacrer quotidiennement une heure à penser à la Légion à ses lois, à ses principes, à son chef. Il s'agit là d'un exercice purement spirituel, éducatif, destiné à imprégner l'esprit des principes premiers de la Légion. Il évoque irrésistiblement, cet exercice, ceux que saint Ignace de Loyola recommandait à ses premiers disciples, il est une méditation active, véritablement créatrice en chacun de nous d'une sorte d'état de grâce destiné à créer dans les esprits et les cœurs un appétit, un instinct du bien. Il crée, en chacun des membres des confraternités un instinct légionnaire qui contribue à faire d'eux plus tard des légionnaires d'élites, des cadres absolument formés à leur fonction si délicate de Chefs de Nids. Une jeunesse qui a subi une telle emprise spirituelle ne peut plus lui échapper. Elle a besoin de sa « servitude » comme du seul roc solide à quoi se référer ; c'est bientôt la discipline spirituelle qui est devenue l'étoffe même de la personnalité et comme sa définition, discipline hors de laquelle la personnalité s'effriterait ou se disperserait comme un brouillard insubstantiel. Je suis sûr de ne pas trahir les sentiments communs à tous les légionnaires en disant que leur propre individualité n'est rien, mais que le tout de leur personnalité est celle de la communion de chacun à la discipline personnelle et collective qu'ils partagent tous.

En marge et au-delà de ces confraternités de la Croix, et groupant des hommes de 18 à 30 ans (quelquefois même des adolescents plus jeunes), s'élève la structure proprement dite de la Garde de fer. Il m'est impossible d'insister à nouveau sur l'originalité de cette structure. Elle se découvrira d'elle-même à mesure qu'elle sera exposée. Mais le lecteur doit être imprégné d'une certaine atmosphère spirituelle s'il veut comprendre toute cette organisation et sa raison d'être. Nous sommes trop portés, nous, les héritiers du droit romain, juristes bourrés du Code Napoléon, à désirer que chaque pièce d'une organisation ait une fonction propre parfaitement définie, qui ferait ressembler toute structure d'organisation à un formidable système administratif. Rien de semblable à la Garde de fer. De la cellule essentielle, le nid, sur laquelle il sera obligatoire d'insister longuement, jusqu'au « centre », en passant par la garnison, le secteur, le département, la région, c'est un mélange complexe, mais ordonné, d'organismes ou seulement d'hommes tantôt ayant une vie propre et complète, tantôt limités à une fonction de contrôle, de centralisation, tantôt au contraire étendus vastement à la direction et à la gestion.

Le Nid

Le Nid ? Il n'est pas un légionnaire qui ne parle du nid sans un immense respect et sans une touchante affection. Les liens qui unissent le légionnaire à son nid sont d'un genre absolument inconnu chez nous, et à la vérité ils sont exceptionnels. Le nid pour le légionnaire, c'est la famille, c'est l'ami, c'est le prêtre, c'est tout cela à la fois. On l'aime et on ne peut pas s'en défaire. Aucune comparaison, par exemple, avec nos organismes de base des partis : cellules ou sections. C'est pourquoi, bien que le mot puisse paraître bizarre, j'ai voulu respecter la traduction stricte du mot roumain : cuib, et ne pas transposer par cellule. De plus, le mot est emprunté au langage de la forêt et Codreanu, qui aimait tant les arbres et les grandes étendues forestières de « sa » Bucovine, ne l'avait certainement pas choisi sans une intention de symbole que toute autre traduction risquerait de trahir.

Codreanu a donné du nid une définition volontairement très imprécise. Le nid, c'est un groupe d'hommes sous la conduite d'un seul homme. On remarquera que ne rentre dans cette définition aucune des considérations qui habituellement nous font définir une cellule ou une section : par exemple, le lieu où s'exerce l'activité de la section. C'est que dans nos partis, la section ou la cellule a une extension géographique déterminée à l'avance, parfaitement définie par les exigences de l'administration intérieure du parti. Il en va autrement du nid qui est une création spontanée due à l'initiative d'un légionnaire.

Comment se fonde un nid ? Un légionnaire, que ses services désignent particulièrement, ou qui se sent l'âme nécessaire à cette œuvre, se détache d'un nid déjà existant, et avec deux ou trois amis choisis par lui, il fonde un nid nouveau. Pour avoir existence, le nid doit comprendre au moins trois membres ; il ne peut en comprendre plus de treize. Ces mesures sont sagement prises pour obtenir une cohésion durable des membres, empêcher les difficultés qui surgissent toujours lorsque trop de personnes sont en contact permanent, permettre entre tous une connaissance affectueuse.

Les membres d'un même nid sont comme les membres d'une même famille. Ce sentiment d'unité fraternelle ne saurait résister à une extension indéfinie du nid. C'est pourquoi le nid a pour limite inférieure et supérieure les nombres inférieurs et supérieurs des membres constituant une famille.

Formation du Nid.

Tandis que, dans nos partis, la propagande par l'écrit ou par le meeting constitue la voie normale du recrutement, le sympathisant pouvant librement s'inscrire par la simple signature d'un bulletin d'adhésion à la sortie d'une réunion de propagande, le recrutement pour le nid des légionnaires est soumis à des règles limitatives. Ces règles ont permis à la Garde de fer de contrôler toujours leur recrutement, elles ont évité l'infiltration ou l'espionnage au sein des nids ; elles ont créé de telles conditions que toutes les garanties souhaitables fussent offertes par le futur légionnaire avant son admission. Je n'hésite pas à penser que si, malgré la persécution et l'illégalité de son existence, la Garde de fer est restée inébranlable, cela a tenu pour une grande part à la méthode sévère et prudente du recrutement des nids. Celui qui demande son admission dans un nid est toujours préalablement connu, et bien connu de deux des membres du nid. Le plus souvent c'est un camarade de travail, ou d'université ou un ami. Il a appris à connaître la Garde de fer, soit par des conversations avec un légionnaire, soit par le matériel d'information qui lui a été remis, soit – dans une large part – par les actes visibles de la Garde. Il fait sa demande d'admission ; de ce jour s'ouvre pour lui une période d'attente au cours de laquelle il est soumis à l'observation attentive de tous ; sa vie – toute sa vie –, tous ses actes sont examinés et analysés à la lumière des principes de la Garde. Le postulant peut faire toutes les déclarations du monde, seul ses actes plaident pour lui ou contre lui. Codreanu disait avec prédilection : l'homme ne vaut que par ses actes. Cette période peut durer un ou deux mois, parfois trois. Quand le chef de nid le juge utile, le postulant est admis dans le nid. Aucune cérémonie ne consacre cette admission, laquelle en elle-même ne constitue pas l'adhésion ou l'admission à la Légion. Il faut attendre deux ans pleinement révolus après la date de cette admission pour que le membre du nid devienne légionnaire. C'est alors qu'il prête serment. La prononciation de ce serment constitue l'acte fondamental du légionnaire. Maintenant qu'il l'a prononcé, le nouveau légionnaire appartient tout entier à la Légion, jusqu'à la mort. Cette liaison a un caractère sacré, quelque chose d'un peu transcendantal, analogue à un sacrement religieux. Lors même que le légionnaire croirait s'acquitter de ce serment, il n'en serait pas libéré. De la même manière que l'apostasie ne délie pas le chrétien des liens du baptême, de même la traîtrise ne délie pas le légionnaire des obligations du serment.

Devant le légionnaire traître, sa traîtrise ne pourra être que présente comme un opprobre. Les légionnaires méprisent le traître comme le chrétien fuit le contact de l'apostat. La dénonciation du serment marque le traître d'un indélébile signe d'infamie. Mais, pourquoi s'étendre sur cette dénonciation ? Les cas de trahison de leur serment par des légionnaires ont été d'une rareté exceptionnelle. Je l'ai dit, la spiritualité et l'atmosphère mystique qui sont celles du nid font que le membre du nid ne peut plus vivre hors du nid, une fois qu'il y est rentré. Le nid est devenu comme une exigence de son âme. Le légionnaire est heureux lorsqu'il se sent en liaison, en communion avec le nid ; il est comme exilé, morcelé, sans raison d'être si par malheur cette communion vient à cesser. Lentement, la famille du nid s'est constituée ; la voilà parvenue à son extension maxima. Alors, des treize membres qui ont toujours vécu ensemble se détachent deux ou trois légionnaires, et l'un d'eux, s'appuyant sur les autres s'en vont fonder un autre nid. Ainsi s'éloignent à l'âge d'homme les grands enfants des grandes familles. Ainsi se forment des familles de nids. Il n'existe entre les nids d'une même famille aucune dépendance hiérarchique ni administrative ; mais il subsiste entre eux une sorte de consanguinité spirituelle qui permettrait à un légionnaire exercé de reconnaître entre deux nids « un air de famille ». C'est ainsi que le nid de Paris est de la même famille que l'un des nids de Bucarest.

La Réunion du nid.

Le nid se réunit obligatoirement une fois par semaine. Bien entendu dans un lieu strictement privé, de préférence une salle close. Il n'existe pas de réunions de nids dans les cafés ou les salles publiques. En général, c'est au domicile même du chef de nid que se fait la réunion ; mais il va sans dire que dans les périodes de persécutions où les chefs de nids furent traqués par la police, la réunion se faisait dans des lieux sûrs, variables, strictement tenus secrets. Ainsi, des nids se sont-ils réunis d'une manière absolument occulte ou sous une telle forme que la police était réduite à l'impuissance. Beaucoup de nids, à Bucarest, se réunissaient à dîner, chez l'un des membres les moins connus, ce qui obligea la police méfiante à arrêter que pour les déjeuners ou dîners de plus de cinq personnes, les hôtes devaient déposer la liste des convives à la préfecture de police ! D'autres fois, le nid clandestinement se rencontrait dans une église, et les mots d'ordre étaient ainsi transmis. Toutefois, chaque fois que cela est possible le nid doit se réunir selon un rituel fixe, qui prévoit l'aménagement de la salle de réunion et le déroulement de la séance. Sur le mur est de la salle, est accrochée une icône représentant l'Archange saint Michel. Au-dessus, une photographie de Codreanu et une croix. Devant l'icône brûle une lampe à huile ou simplement un cierge de cire.

C'est là le seul appareil rituel. Il n'est besoin ni de table, ni de chaises ; les légionnaires, la plupart du temps restent debout, la réunion ne devant pas, en règle générale durer plus d'une heure. Lorsque, à l'heure dite, les légionnaires du nid et quelques rares invités admis à la réunion sont réunis, le chef de nid ordonne le garde à vous. Les légionnaires saluent, puis tenant la main levée ils récitent une prière qui se termine par le texte du serment légionnaire. Alors commencent les chants. Ils jouent un rôle très important dans les actes des légionnaires réunis. Le chant collectif est un exercice particulièrement propre à développer le sentiment de cohésion. Codreanu, qui tenait beaucoup à ce que la règle du chant fut parfaitement respectée, disait souvent qu'un criminel qui va faire un mauvais coup ne chante pas, que des malheureux ou des gens inquiets ou soucieux ne chantent pas, que deux hommes qui se haïssent ou se soupçonnent, s'ils font chemin ensemble, ils ne chantent pas. Seuls peuvent chanter en commun ceux qui ont l'âme pure, l'intention droite, le cœur plein de joie et sans aucune haine. À défaut même, pensait encore Codreanu, le fait même de chanter favorisera cette pureté d'âme, cette droiture de l'intention et cette joie du cœur. En quoi il se révélait fin psychologue, sachant qu'à défaut de l'émotion intérieure qui provoque spontanément l'attitude, l'attitude prise de propos délibéré fait naître l'émotion intérieure recherchée. Le chant en commun développe aussi l'âme collective dont il est l'expression ; la conscience de chacun semble se perdre dans la conscience collective originale que crée la réunion du nid. Et c'est à la fois un bien-être et une nécessité que cette fusion de l'individu dans une pacifiante solidarité. C'est dans ce moment que l'individu prend conscience qu'il n'est rien, et que, s'il est quelque chose, ce n'est que par sa participation privilégiée à la collectivité du nid. J'ai pour ma part connu un légionnaire que le cérémonial rituel des réunions du nid avait arrêté longtemps au seuil de la Garde. La première réunion où il fut admis lui fut une révélation et de ce jour il fut entièrement conquis.

« Avoir vécu cette première réunion, avoir éprouvé ce climat du nid, cela a eu en moi, me dit-il, une toute autre résonance et combien plus sublime, que ce que mon imagination pouvait me faire sentir, d'après les récits qui m'en étaient faits par les légionnaires. »

J'ai moi-même été admis à une séance d'un nid : il m'est impossible de relater exactement l'impression d'envoûtement religieux que j'en ai retirée. À peine étais-je entré dans la pièce de l'icône, qu'un immense silence intérieur se fit en moi, et que j'eusse été dans l'impossibilité totale de prononcer le moindre mot. J'avais les yeux rivés sur l'icône et sur le portrait de Codreanu. Les légionnaires chantaient. Il me semblait rêver ou être dans une cathédrale pendant les chants de la chorale. Un esprit subtil et extraordinaire pénétrait en moi, il n'eût pas fallu que je m'attarde davantage pour sentir surgir en moi un homme que je ne m'étais jamais senti être…

Les chants terminés, la réunion proprement dite

commence. Dans une première partie consacrée à l'information des légionnaires, le chef de nid fait le tableau des événements écoulés pendant la semaine passée ; il en donne une vue générale et il les commente. S'il a des renseignements à donner, il les communique et il interroge les légionnaires sur ceux qu'ils seraient susceptibles de fournir. Après quoi, il lit les ordres qu'il a reçus des chefs et on discute ensemble sur la manière la plus convenable de les mettre à exécution. Enfin, le chef de nid peut faire une attentive revue de la presse, avec tous les commentaires nécessaires pour éclairer les légionnaires.

La deuxième partie est beaucoup moins politique. Elle est consacrée à l'éducation des légionnaires. Il ne faut pas oublier, en effet, que le but essentiel de la Légion est de susciter un homme nouveau et d'aller à sa rencontre, par des exercices appropriés et qu'en raison de ce but, le nid qui a une fonction extérieure à remplir, laquelle fait de lui une cellule d'activité a aussi une fonction intérieure très importante, qui en fait une cellule de croyance et d'éducation. Pendant cette partie, le chef de nid lit et commente comme il convient, un ou plusieurs points d'un tout petit livret que Codreanu a écrit et qui s'intitule Livret du chef de Nid. Il s'agit en réalité d'un véritable bréviaire où, en une soixantaine de points qui sont plutôt les maillons d'une longue chaîne, que les articles codifiés et systématiques d'une loi, Codreanu a donné au nid la substance spirituelle de laquelle il doit constamment s'inspirer. Il y aurait beaucoup de choses à dire sur ce bréviaire qui peut servir de thème à de multiples méditations collectives au reste inépuisables. Pour ma part, j'ai toujours regretté qu'il n'en existe pas encore de traduction en français. C'est un livre qui, pour nous, serait à la fois une édification et une leçon mortifiante, nous qui, dans les cellules ou les sections de nos groupements, ne donnons pas toujours l'exemple d'une spiritualité tendue vers le bien, d'une camaraderie qui s'interdit la délation ou le soupçon, d'une solidarité d'action qui interdit la jalousie ou l'envie, ou la bouderie, ou l'ambition personnelle. Il y a encore trop de mouvements en France qui prétendent être les artisans de la rénovation nationale et qui sont encore pourris dans l'intérieur même de leurs plus petites réunions d'adhérents des vices les plus notoires de la démocratie. Cela tient à ce que les chefs de partis, à part un seul, n'ont pas osé imposer à leurs adhérents une révolution personnelle préalable à toute ambition de révolution nationale, une révolution de la moralité de chacun, conditionnant évidemment la rénovation de la moralité générale. Je crois que la plus belle œuvre de Codreanu est de s'être attaqué, non pas d'emblée au problème national mais au problème moral du redressement de l'individu. À ce titre la fonction éducatrice du nid est-elle sans doute la fonction essentielle de tous les organes de la Garde, celle sans laquelle de nombreuses autres ne pourraient porter de fruits.

Puis le chef de nid lit et commente des passages du très gros livre que Codreanu a consacré à son action. On peut dire que si le livret du chef de nid est le bréviaire du légionnaire, ce livre en est la bible. Écrit dans un langage absolument dénué de tout artifice littéraire, dur, incisif, d'une franchise qui déconcerte l'hypocrisie naturelle des cœurs humains, donnant à chaque page l'impression d'être une force en action et d'avoir retrouvé, pour les vivre, ces qualités primitives complètement oubliées de l'homme dont on dit communément qu'il est civilisé, dénué aussi de tout orgueil égocentriste, qui rend parfois si pénible la lecture des œuvres que les hommes écrivent sur eux- mêmes, ce livre est une contribution exceptionnelle au statut futur des États rénovés. Bien que très caractéristiquement roumain, il contient l'essence d'une pensée universelle et je ne crois pas qu'il y ait au monde de peuple qui ne pourrait y puiser un enseignement cohérent et complet, dur comme un sermon, mais vrai comme la Vérité.

C'est à ce moment de la réunion que se place un exercice absolument nouveau. Appelons-le, pour fixer les idées, l'autocritique, ou l'accusation, ou encore la confession. C'est un exercice qui consiste essentiellement à s'accuser soi-même, ou à accuser un légionnaire, de quelques faits, bénins ou graves, et qu'en conscience, on estime mériter de la part du nid une sanction quelconque. Le légionnaire qui s'accuse et qui se voit puni, contraint par exemple d'accomplir un acte difficile, ennuyeux, exigeant sacrifice, est ensuite libéré du poids que faisait peser sur sa conscience de légionnaire l'acte dont il s'est accusé. De la même manière, lorsqu'un légionnaire est accusé par un autre, il est heureux de satisfaire à la punition, s'il y a lieu. Tout cela se passe sans qu'aucun sentiment de désunion ou de rivalité n'entre en jeu. Si un légionnaire en accuse un autre, c'est sans acrimonie, aucune, mais pour son bien, pour son perfectionnement et pour le bien collectif du nid, d'où toute impureté ou tout état d'impureté doivent être soigneusement bannis. Quel philosophe pensait qu'il y avait dans la « confidence », comme le signe le moins trompeur de la sympathie ? Et puis, la confidence n'est-elle pas par elle-même la fusion de deux âmes ? Codreanu en instituant au sein du nid cet exercice presque intime, a voulu créer entre tous les légionnaires d'un même nid, cette communion qu'entretient seule la connaissance des secrets confidentiels. Il a aussi mis à l'ordre la loyauté, qui de toutes les vertus est sans doute celle que l'homme démocratique a le plus étouffée.

L'autocritique terminée, le nid a rempli sa fonction éducatrice ; il est maintenant, réuni au titre de cellule d'activité. Le nid va discuter de l'action à entreprendre pendant la semaine à venir. Dans nos cellules et sections de partis, cette partie-là constituerait l'essentiel, le tout même, d'une réunion, et on appellerait cela « plan de propagande ». Ici, il s'agit moins de diffuser une doctrine, de lancer des tracts, de préparer un meeting que d'agir. La Garde se fait voir en actes. C'est ainsi que dans un village,

un nid peut décider que la bataille (ou expression visible de la Garde), sera la construction d'un petit pont utile au transport agricole, et que néglige de faire bâtir l'administration démocratique ; une croix au bord des chemins, ou encore une maison construite pour une veuve indigente, sont des manifestations de la Garde, tangibles pour tous. La tâche des légionnaires est facilitée pour ces batailles, par l'institution du camp de travail légionnaire dont nous aurons à parler plus longuement.

Dans les villes où la bataille ne peut adopter cette forme totalement concrète, elle consiste plus généralement en actes de propagande par exemple, on ira planter le drapeau légionnaire sur des édifices publics, ou bien l'on accentuera clandestinement la distribution du matériel informatif, ou bien encore, on décidera de l'achat d'une voiture pour le chef de secteur, et pour mener à bien cette œuvre, on mènera un sévère combat pour recruter les fonds nécessaires. On a vu des légionnaires fonder des revues ou ouvrir des chantiers simplement pour mettre tous les bénéfices de l'entreprise à la disposition du nid.

Les Lois fondamentales du nid.

Il va sans dire que la définition de la bataille à entreprendre donne lieu, au sein du Nid à des échanges de vues. C'est à propos de ces discussions qu'il convient de parler des rapports d'autorité qui existent entre le chef et les membres du nid, ou si l'on veut, des méthodes selon lesquelles le nid se gouverne. Codreanu a beaucoup insisté sur la cohésion qui naît seulement de la discipline et sur le fait que le nid n'est pas discipliné à la manière d'une caserne. Il disait : « Le Nid n'est pas une dictature, il se gouverne d'après des lois ». Qu'on me permette de souligner ce que cette attitude a de particulièrement intéressante : elle laisse entrevoir tout le caractère institutionnel de l'État légionnaire futur, non lié au « bon plaisir » du souverain. La discipline de tous, y compris celle du chef suprême se réfère ainsi à une autorité, la loi légionnaire. Elle n'est pas dans les hommes mais dans l'institution : c'est elle, et elle seule qui peut imposer à tous les impératifs et les règles d'action. Quels sont les impératifs auxquels le nid et chacun de ses membres doit obéir ?

La *loi de la discipline* est une loi de l'obéissance de chacun à la volonté collective du nid une fois exprimée. Il y a, en effet, plusieurs chemins pour atteindre un but : il y a le chemin droit, et beaucoup d'autres sinueux. Eh bien, malgré l'apparence, une équipe atteint le but plus sûrement si, ayant choisi le chemin sinueux elle s'y engage toute entière et sans défaillance, cohérente, que si les uns vont par ici et les autres par-là, fut-ce par le chemin droit. Nous reviendrons sur l'interprétation qu'il convient de faire de la discipline légionnaire ; quelle qu'elle soit, elle crée une cohésion du nid qui est telle, que l'éventualité d'une dispute ou d'une fâcherie entre les membres, qui laisseraient entre ceux-ci une coupure grave, est une éventualité qu'aucun légionnaire n'a jamais envisagée. C'est le respect de la loi de discipline qui permet au nid de remplir l'une de ses fonctions essentielles : sa fonction unificatrice.

La *loi du travail* repose sur cette pensée qu'avait Codreanu que seul l'acte est la mesure de la valeur réelle de l'homme. C'est par ses actes que le nid se juge lui-même et qu'il prend conscience de son efficacité ; c'est par le devoir accompli collectivement que le nid va acquérir une fierté collective, une ambition collective qui sont aussi souhaitables et saines que ne le sont pas la fierté et l'ambition particulières. Et n'est-ce pas dans le contact constant que maintient entre les légionnaires l'exigence de l'action permanente que se manifeste le mieux la solidarité qui les unit, qui fait de leur union une puissance d'action, bien que chacun individuellement soit incapable de tout travail efficace ?

La *loi du silence* est une de celles qui mériterait le plus d'être « importée » dans nos partis politiques français où l'on bavarde tant. Codreanu qui fut avocat et député avait cependant (ou pour cela), horreur de la parole. On a toujours raison lorsque l'on parle, disait-il ; mais il ne sert à rien d'avoir raison ; on ne fait rien à avoir seulement raison. Seul le silence est le climat de l'action. La parole est stérile et illusoire. La force du légionnaire sera d'être le silencieux au milieu des bavards. « *Tais-toi, et laisse parler les autres* ». Dès les premières pages de son livre, rappelant son séjour dans une école militaire, Codreanu écrit « *J'ai appris à parler peu, ce qui m'a amené plus tard à haïr le bavardage et la rhétorique* ». Il était lui-même taciturne.

La *loi de l'éducation*, qui oblige chaque membre du nid à devenir un autre homme. Le lecteur est déjà assez familiarisé avec la Légion pour bien comprendre que c'est la loi centrale de toute la Légion. Il n'y aurait pas de Légion, semble-t-il, si l'éducation tendant à l'héroïsme pratique n'était pas le centre inspirateur de tous les actes légionnaires.

La *loi de la solidarité*, qui oblige le légionnaire à s'entraider et le nid à tout faire pour l'entraide légionnaire, n'est au fond que la conséquence de cette atmosphère de fraternité qui est celle du nid. Le malheur d'un étranger peut laisser un homme indifférent ; le malheur d'un frère le touche toujours, et l'oriente tout naturellement à l'action d'entraide.

La *loi de 1'Honneur* enfin, sans laquelle il n'y aurait pas de héros, car l'héroïsme, c'est l'honneur en action. *« Il vaut mieux,* affirmait Codreanu, *mourir sur le chemin de l'honneur que de vaincre par l'infamie ».* Et par exemple, il eût été souvent d'une certaine habileté tactique de mentir sur la Légion, et cette habileté eût sans doute permis de devancer le temps du triomphe. Mais jamais il n'est venu à l'esprit d'un légionnaire d'entrer dans cette voie tortueuse. Et Codreanu lui-même, suprême exemple de la suprême vertu, demeuré, sa vie durant, sans une tache d'infamie, est mort avant la victoire, dans un honneur absolument intact. Tel quel, avec ses coutumes et ses lois, le nid est l'organisme essentiel et premier de la Légion. On raconte qu'un ministre des Affaires étrangères avait demandé à Codreanu d'entrer dans la Garde de fer ; mais il n'avait pas manqué de souligner que – vu sa personnalité –, il ne pourrait y entrer qu'à un certain échelon de la hiérarchie. Codreanu, très froid, lui aurait simplement expliqué le mécanisme de l'éducation légionnaire, et lui aurait conseillé de se faire admettre dans un nid afin de pouvoir, dans deux ou même trois ans, prêter le serment qui le consacrerait légionnaire. L'histoire ne dit pas comment l'Excellence démocratique prit la chose ; toujours est-il qu'elle ne revint pas et ne fut jamais légionnaire. L'anecdote est significative et met en valeur l'esprit communautaire et unificateur de la Légion. Un légionnaire aime à raconter qu'introduit chez Codreanu, il rencontra dans le bureau, côte à côte et semblablement traités, un prince et un cordonnier. La loi légionnaire et les institutions ne connaissent aucune autre valeur que celle que consacre la Légion elle-même. N'est-ce pas là une attitude parfaitement apte à créer le renversement total de la fausse hiérarchie des valeurs démocratiques ? Et nous verrons quelles exigences terribles il faut satisfaire pour que la Légion reconnaisse et consacre une valeur, et quels sont les critères particulièrement durs, selon lesquels se recrute et se définit l'élite légionnaire.

Les autres organismes légionnaires. Le camp de travail.

Le camp de travail est comme le nid, une collectivité vivante de la Légion. Et comme lui, il tend à exercer une fonction unificatrice et éducatrice, en même temps qu'il permet mieux que le nid de faire des actes positifs et tangibles qui manifestent au monde la réalité de la Légion. Toutes les lois du nid sont les lois du camp, avec ce merveilleux avantage qu'elles s'exercent en permanence et d'une façon continue, notamment les lois de discipline, de solidarité et de travail. Le camp est une grande bataille qu'il faut gagner. L'effort psychologique exigé pour participation à un camp est plus tendu que l'effort demandé par le nid. Tout est plus grand, plus dur, et par conséquent plus efficace, plus créateur dans le camp que dans le nid. À côté de petits camps pour réussir une bataille réduite, il a existé d'immenses camps de travail auxquels participent des légionnaires en très grand nombre, mais tous volontaires. Il y a eu des camps auxquels participaient plus de cinq cents légionnaires, et on a vu que les pouvoirs publics avaient été très inquiets de cette initiative. Plus tard, lors de l'affaire dite « de la digue », cette inquiétude ne fera que croître. Au camp, tout est donc à des proportions plus amples, et jusqu'aux vertus que l'on exige du légionnaire.

Le camp est une sorte de préfiguration de la Roumanie légionnaire future, une collectivité, qui dans un effort harmonieux est tendue vers le bien, et se manifeste en un acte visible. *« Lorsqu'il est bien conçu, écrivait un légionnaire, le camp est une grande bataille gagnée par les légionnaires sur l'hostilité ou la bêtise des hommes de l'extérieur ».* La fonction créatrice de communauté du camp est certainement l'un des motifs qui ont poussé Codreanu à généraliser cette institution.

Le commerce légionnaire.

Plus tard, la Légion affronta les Juifs sur leur propre terrain, là où nul n'avait osé les concurrencer, car ils paraissaient imbattables. Il fut créé un « commerce légionnaire » ayant pour but de neutraliser l'influence du commerce juif. Le succès dépassa les espérances. Dans les restaurants légionnaires, où des repas à 2 et 10 lei (entre 50 centimes et 2 F 50) pouvaient être servis, les étudiants, les ouvriers, les sous-officiers et même des officiers de l'armée, vinrent en nombre. Les employés étaient tous des légionnaires travaillant sans aucun esprit de lucre, et ne poursuivant pas d'autre but, que d'aider au succès de l'entreprise collective. On vit des étudiants devant lesquels s'ouvrait un magnifique avenir universitaire, se faire garçons de salle, ou plongeurs, au coude à coude avec des ouvriers et des employés de la profession. Un intense esprit collectif se manifesta pour mener à bien cette immense bataille de la Légion, qui fut un succès sans précédent, et qui ne manqua pas de lui attirer des sympathies actives et nombreuses.

Les grades et fonctions à l'intérieur de la Légion.

Il y a lieu ici de distinguer, quoique nous ne soyons pas familiarisés avec cette division des grades et des fonctions, deux séries bien distinctes de hiérarchie au sein de la Légion. D'une part, pour relier le nid au centre, il existe une série de fonctions administratives qui ne constituent pas des postes de commandement proprement dits : le chef de secteur, le chef de garnison, le chef de département ou de région. Ces chefs sont essentiellement amovibles, et il est même de coutume que ces fonctions changent de titulaires par une sorte de roulement. Ainsi se rompent à certaines fonctions administratives un nombre important de légionnaires, en sorte que, d'une part, aucun ne peut tirer gloriole de sa fonction essentiellement provisoire, et d'autre part, le remplacement d'un chef défaillant ou venant à manquer pour d'autres raisons, est immédiat et son remplaçant est compétent.

Notons, pour avoir une idée exacte de ces fonctions, que ni le secteur, ni la garnison, ni le département, ni même la région, ne constitue une cellule réellement vivante de la Légion. Il s'agit en réalité, de relais établis entre le centre et les nids, et permettant la liaison. Par contre, indépendamment de ces échelons administratifs ne constituant pas une hiérarchie autoritaire, ni une dignité légionnaire, il existe une ligne progressive de « grades », qui du simple légionnaire jusqu'au chef de la Légion, constitue très spécifiquement la hiérarchie fixe et la structure du commandement légionnaire. Il est inutile ici d'énumérer ces grades ; il est par contre indispensable de connaître dans quel esprit et selon quels critères se recrutent les membres de cette exceptionnelle hiérarchie fixe. Car, avec des corps spéciaux d'élite qui seront ultérieurement fondés, cette hiérarchie constitue spécifiquement l'élite légionnaire.

L'élite légionnaire

Qu'est-ce donc que l'élite ? De quoi naît une élite ? Comment disparaissent parfois subitement les élites d'un système et sont-elles malgré elles, remplacées par d'autres ? Il y avait là un problème historico-spirituel, qui ne devait pas manquer d'arrêter la pensée de Codreanu. Essentiellement, une élite naît de la guerre, que certains hommes sont obligés de mener contre une élite en place, mais dégénérée ou fausse. La trahison des clercs dont on a tant parlé, ou la défaillance des élites, sont une raison qui porte en soi cette lutte historique, qui marque dans le monde ou dans les nations les « époques ». Une élite qui se sent naître, en butte aux élites en place, et qui s'accrochent à leurs positions acquises, voilà le signe le plus certain qu'une époque révolutionnaire est ouverte, qui s'achèvera par l'effondrement d'une période et la création d'une époque nouvelle, souvent antinomique de la précédente. Ce serait presque là une théorie déterministe du monde, qui évoquerait celle de certains philosophes ou économistes allemands, si dans la pensée de Codreanu, il ne s'agissait pas avant tout d'élites spirituelles, imposant des impératifs nouveaux, et non de forces nouvelles, imposant des modes économiques de vie nouveaux. On conçoit que dans cette lutte l'élite qui monte, ait une tâche plus difficile pour conquérir les places nouvelles, que celle de l'élite ancienne pour maintenir les places acquises. Il devient alors évident que la génération d'une élite conquérante est une génération de sacrifice et de souffrances accumulées, sans quoi la victoire n'est plus possible. Et de la même manière se crée au sein même de l'élite une hiérarchie naturelle qui se mesure à la quantité de souffrances individuelles ou collectives endurées. Ces notions sont-elles si nouvelles, si inaccessibles à l'égoïsme démocratique, que certains esprits ne puissent absolument pas les comprendre ? Au cours du fameux procès de Codreanu, le président demandait ironiquement et méchamment au Capitaine de la Légion, quel était le critère de l'avancement au sein de la Légion, et si par hasard ce n'était pas l'accumulation du crime terroriste ; Codreanu répondit par cette formule, extrêmement belle et simple « C'est la quantité de souffrance et d'amour. » Quelles sont dès lors les qualités requises pour être de l'élite légionnaire ? Quelles sont les vertus naturelles qui prédisposent le mieux l'homme à accepter la souffrance, et non seulement à l'accepter, mais à la désirer ?

La pureté d'âme, c'est-à-dire cette limpidité de l'atmosphère intérieure, qui rend l'âme simple, sans contours, prête à tous les enthousiasmes et donc à tous les dévouements est une qualité essentielle et première de l'élite. Il faut y joindre une vaillance à toute épreuve, afin que l'homme ne se laisse pas envahir par des sentiments inférieurs cependant naturels, tels que le découragement, le doute, la lassitude, et que dans les combats tant spirituels que physiques sa volonté et ses actes soient toujours à la hauteur des exigences, si cruelles, si impérieuses soient-elles. Ce ne sont pas là vertus courantes ; et trop d'hommes croient les avoir qui n'en ont que l'apparence ou la vanité. Ces vertus pour n'être pas vaines doivent être non pas des dispositions de bonne volonté, mais des puissances effectives d'action, car ici plus qu'ailleurs, l'acte est tout, l'intention n'étant prise en considération que si elle est assez forte pour se transformer en acte. L'enfer n'est-il pas pavé de bonnes intentions ? Le ciel consacre les actes.

Il faut songer que l'élite porte sur ses seules épaules la lutte que tout un peuple devrait entreprendre. C'est sur elle que se concentrent les haines d'un passé qui s'écroule ; il faut qu'un noyau d'hommes peu nombreux supporte seul le choc d'une guerre sans merci, que lui déclarent des forces diverses, mais coalisées contre lui. C'est une vie dure, d'une façon permanente, qu'il faut mener pour que tout un peuple indifférent, inconscient ou même parfois hostile, retrouve sa véritable voie.

Et pour cela aussi, en plus de tout l'héroïsme de combat, il faut joindre un héroïsme de la vie personnelle, afin que la vie individuelle de chaque membre de l'élite nouvelle soit un exemple et une force d'attraction. L'élite légionnaire sera pauvre, comme par serment, parce que les richesses d'ici bas sont forcément des facteurs de dissolution de la moralité et d'enlisement dans le matérialisme et l'inaction bourgeoise. Elles tendent invinciblement à attacher l'homme qui les possède au régime par qui il les a acquises ; un homme qui n'est pas dans la pauvreté ou qui ne vit pas dans l'esprit de pauvreté, ne peut pas être révolutionnaire ; il est forcément esclave d'un certain esprit de conservation négateur de toute action de changement. C'est donc un esprit d'abnégation permanente, de renoncement volontaire à tous les plaisirs présents que l'esprit de l'élite légionnaire, et je ne peux en donner de meilleure preuve que ce texte inouï du serment que doivent prêter les légionnaires rentrant dans le corps d'élite « Moţa-Marine » :

Je jure devant Dieu
Devant votre saint sacrifice pour le Christ et pour la Légion
D'éloigner de moi tous les plaisirs de ce monde de me
soustraire à l'amour humain
Et, pour la résurrection de mon peuple d'être toujours prêt à
mourir.
Je le jure !

De tels hommes, capables de prononcer et de tenir de tels serments, ne sont-ils pas naturellement plus forts que les élites pourries auxquelles ils s'opposent ? La victoire n'est-elle pas inscrite dans les volontés qui vont jusqu'à cette extrémité ? Ajoutez à cela que les légionnaires sont tous croyants en Dieu, et qu'il est de règle que l'élite légionnaire soit particulièrement religieuse et l'on comprendra le caractère mystique et puissant d'une spiritualité qui repose sur des croyances aussi transcendantales. C'est en ce sens, du reste, qu'il importe de distinguer le mysticisme légionnaire du mysticisme de certains autres partis européens. Pour ces derniers, l'entité qui crée le mysticisme est une entité immatérielle, mais tout de même humaine, telle que la race ou la nation ; pour les légionnaires, le mysticisme a une base nettement transcendantale, irréductible à tout humanisme intégral. Comme permettent de l'affirmer des commentaires parfaitement autorisés sur ce sujet, et sans que cette formule, malgré sa concision, n'outrepasse la vérité, la Légion est le seul mouvement politique contemporain à structure religieuse.

La spiritualité légionnaire

Ces commentaires sur l'élite légionnaire nous amènent tout naturellement à définir la spiritualité qui est l'âme même de la Légion. Car bien entendu, tout légionnaire n'arrive pas à ces sommets d'ascèse et de mystique qui sont le fait de l'élite. Une spiritualité moins exigeante est le fait commun de tous les légionnaires, et le lecteur verra que même celle-ci exige déjà du légionnaire roumain des efforts et des promesses qu'il serait vain d'essayer d'obtenir d'un Français. Pour l'ensemble de ses adhérents, et considérant l'idéal final de la Légion, Codreanu s'est à peu près posé le problème suivant : comment donner à un pays la parfaite conscience nationale lorsque, par malheur, ce pays n'a acquis que fort tard son unité géographique, et n'a pas encore acquis son unité spirituelle ? Car enfin, cette conscience nationale dans les nations parvenues à un stade unitaire, cette conscience de la personnalité qu'est la nation, est faite conjointement de la conscience d'une histoire et de la conscience d'un caractère national ; exactement de la même manière que les composantes de la personne humaine (substantielle), sont la mémoire par quoi la personne affirme son identité dans le devenir et le caractère par quoi elle se différencie, dans l'espace, des autres personnes. Car l'Histoire n'est pas autre chose que la mémoire des nations. Et la conscience nationale est plus grande là où l'histoire est plus lourde de gloire et de morts.

Il importe donc à la Légion si elle veut donner à la Roumanie la conscience nationale, de donner une histoire à la Roumanie, de créer une épopée roumaine dont s'alimentera la conscience nationale. Et s'il faut beaucoup de morts légionnaires pour qu'en peu de temps cette épopée vaille toute une longue histoire de siècles, eh bien, les légionnaires s'armeront et mourront, créant ainsi cet indispensable tribut du sang, sans quoi un pays n'acquiert pas sa personnalité. Plus la Légion se sacrifiera, plus la Roumanie affirmera sa réalité historique par son sacrifice, la Légion acheminera la Roumanie vers de glorieux horizons que lui ont refusé les siècles passés. Ne trouvons-nous pas là, à l'échelle nationale cette idée qui domine toute l'ascèse individuelle du légionnaire, que la mort est féconde et créatrice par soi ? Et pour reprendre une formule qui reviendra souvent, c'est seulement dans la mort charnelle que les individus comme les nations trouvent les possibilités de leur résurrection. Et voilà que la mort devient comme une nécessité métaphysique et une invincible attirance. Il se créera dans l'esprit du légionnaire une mystique de la Mort. Toute la Légion aura la mort comme compagne fidèle. La mort qui est ce suprême don de soi, et comme la marque ineffaçable de la grandeur et de l'héroïsme. Y a-t-il un seul chant légionnaire où l'on n'exalte pas la mort ?

La mort, mais la mort légionnaire
Est pour nous le plus cher des banquets !...
... Si nous tombons frappés au front,
La mort pour notre Capitaine nous est chère.

Ainsi s'expriment deux couplets de La Sainte jeunesse légionnaire. Et celui-ci du chant de *L'Équipe de la Mort* :

Nos lèvres ont le sourire pour décor.
La Mort ? C'est de face que nous la regardons ! Nous sommes l'Équipe de la Mort.
Ou nous vaincrons, ou nous mourrons.

Et cette autre chanson enfin :

Sur votre sang, oui, nous jurons
D'accomplir ce que nous dicte notre croyance, Et de faire au
pays les dons les plus immenses, Ou bien alors, nous
mourrons.

Sur votre sacrifice de héros, Nous jurons de ne point céder.
Nous vous suivrons jusqu'au tombeau, Car votre appel est
sacré.

Tous les légionnaires ont envisagé leur propre mort, et l'ont acceptée dans la joie. Mieux que cela, nombreux sont ceux qui l'ont appelée de leurs vœux. Nous verrons qu'au moment des abominables massacres de 1939, des jeunes gens demandaient de mourir, et si les coups qui les frappaient ne les touchaient pas à mort, ils s'écriaient « *Je ne suis pas mort, tirez donc encore !* ». Atroce et sublime revendication. La Légion est incontestablement née sous le signe de la Mort. Est-ce à cela qu'elle doit d'être le mouvement qui a eu le plus de morts, et ceci, dans des proportions qui confondent l'imagination ? Sans doute est-on au-dessous de la vérité, en disant que plus de six mille légionnaires ont trouvé la mort durant ces dernières années. Il va sans dire qu'accéder à ces sommets de renoncement n'est pas le fait de l'homme sans une éducation raisonnée qui y mène. Ces sentiments de renoncement sont le couronnement d'une longue éducation et d'une dure ascèse. Le légionnaire croit en Dieu, nous l'avons déjà dit, et nous avons souligné dès les premières lignes de cette brochure, le caractère extrêmement religieux du peuple roumain. Dieu ne se discute pas. Dieu se vit. La négation de Dieu est une attitude aussi absurde que la négation du monde ou de soi-même. Il n'y a que les philosophes ou les francs-maçons pour avoir nié des évidences et avoir exercé la critique de leur esprit déformé sur une évidence aussi indiscutable que l'existence de Dieu, entité transcendantale et créatrice. Dieu est encore plus évident, plus nécessaire que le monde même. Dieu ? Le seul aboutissant normal d'une vie d'honneur et d'héroïsme. Le légionnaire croit à sa mission, et cette mission devient comme sa seule raison de vivre. Le légionnaire l'est toute sa vie, toutes les minutes de sa vie.

N'est pas légionnaire qui croit un peu. On croit tout à fait ou pas du tout. Il n'y a pas de degré dans la croyance, surtout pour une croyance comme celle-là, qui est plus volontaire qu'intellectuelle. Croire que deux et deux font quatre, cela n'exige aucun effort, cela surtout n'exige pas qu'on se le rappelle à chaque instant ; cela enfin, n'entraîne aucune modification à notre comportement moral. Croire par contre à la sainteté d'une mission, cela exige un effort, un effort qui ne saurait se relâcher sans que la croyance faiblisse, et cela nous commande une certaine manière de vivre qui devient comme l'aspect moral que prend la croyance, comme l'affirmation par le fait que nous avons cette croyance. Croire en la sainteté de la mission légionnaire, c'est avant tout vivre tous les instants de sa vie en légionnaire. Le légionnaire doit aimer.

« Il faut opposer, disait Codreanu, à l'immense vague de haine que nous suscitons et qui nous frappe de l'extérieur comme pour nous diviser, une immense somme d'amour à l'intérieur de nous, capable non seulement de nous maintenir unis, mais de s'irradier et d'être une puissance d'attraction sur l'extérieur. »

Le nid, nous l'avons vu, développe cet amour réciproque et crée cette cohésion et cette unité intérieures. Enfin, le légionnaire doit être discipliné. Non pas, nous l'avons dit, d'une discipline militaire qui est comme le refoulement de la volonté personnelle, mais d'une discipline positive qui est l'abdication volontaire de la volonté et l'adhésion personnelle et voulue de cette volonté à une autre volonté supérieure, reconnue librement comme impérative. La discipline n'est pas une attitude négative, encore moins servile. C'est au sens le plus propre du mot un acte : celui par lequel l'homme met sa volonté au service d'une idée-force ou encore à celui d'un autre homme, reconnu comme maître. C'est une limitation volontaire pour se conformer aux normes éthiques qui – si nous les pratiquons – nous élèvent dans l'échelle des valeurs humaines. Elle n'est pas une fonction. Elle ne procède pas non plus d'un obscur complexe d'infériorité, qui pousse les âmes inférieures à s'abaisser, à se soumettre, à obéir par manie, à se sacrifier sans raison, par dilettantisme ou par perversion morale. Elle seule, bien comprise, permet la victoire et elle est, de tous les sacrifices, le plus petit qu'il faille consentir pour obtenir cette victoire. Et ce développement sur la conception légionnaire de la discipline, parce qu'il nous a permis d'effleurer un peu à la volonté nous conduit tout naturellement au problème de la liberté. Pour Codreanu, la Liberté est essentiellement le contraire de ce que l'on entend vulgairement ou démocratiquement par ce mot. Tandis que pour la plupart, la liberté est une possibilité d'indifférence, une totale indétermination, pour Codreanu, c'est l'autodétermination de la personne. Il pense que « faire ce que l'on veut » est la manière la plus évidente d'être esclave et de ne pas affirmer de volonté personnelle. Car, faire ce que l'on veut, c'est en langage courant, faire ce que l'on est déterminé à vouloir, par les forces mécanistiques du tempérament, de l'hérédité, du caractère secondaire, de la matière. C'est quand nous pensons être le plus libres que nous le sommes le moins. Et c'est quand nous résistons à faire ce que l'on voudrait faire, que l'on manifeste par cette volonté d'opposition à soi-même la liberté la plus entière. Non seulement, en ce sens, la liberté ne consiste pas à faire ce que l'on veut, mais elle consiste très exactement à faire ce que l'on ne veut pas. Car la volonté qui s'applique à ce second acte est plus pure, plus dégagée de toute détermination extérieure que celle qui s'applique au premier. Renversement total des conceptions démocratiques que celle-ci, et qui laisse entrevoir une conception de l'homme qui constitue une révolution absolue par rapport à la vieille conception matérialiste et faussement humaniste que nous ont inculquée les philosophes du XVIIIe siècle français.

On conçoit que des groupes d'hommes, formés selon ces idées fondamentales, forment une homogénéité parfaite. Ajoutez à cela les fonctions visibles et presque matérielles qui créent la cohésion, et dont nous avons déjà eu l'occasion de parler, telles que le chant par exemple, et l'on comprendra l'indissoluble unité de la Légion. Au reste, la force de Codreanu est aussi d'avoir compris que l'essentiel n'est pas tant de penser identiquement que de sentir communément.
Les affinités entre les hommes sont plus solidement

acquises par des réflexes affectifs communs que par une participation intellectuelle commune à une pensée identique. Car la personnalité fondamentale est engagée par les réflexes affectifs, elle ne l'est pas dans les opérations logiques ou intellectuelles pures. Tant pis si notre aristotélisme occidental doit souffrir de l'énonciation de cette vérité. Codreanu a exprimé cette idée-là en plusieurs phrases fort significatives

« *C'est à l'âme et non à la raison des foules qu'il faut s'adresser.* »

Ou encore :

« *Il faut avoir la même complexion d'âme.* »

Ou plus nettement encore :

« *L'important est de sentir et non pas de penser en commun.* »

Cette remarquable unité ne sera jamais mieux manifestée que par l'uniforme. N'attribuons pas à l'uniforme une signification militaire, encore moins n'y voyons pas le goût de la servitude disciplinaire et de l'abdication de la pensée personnelle. « *L'uniforme*, écrit Codreanu, *est l'aspect visible d'une réalité invisible* ». Il est cet habit du corps qui est commun à tous, comme l'âme de tous ressent les mêmes sentiments.

Le Chef

Enfin, expression suprême de l'unité du mouvement, comme de celle d'une nation, le chef !

Lorsqu'une masse formant un parti, et plus tard lorsqu'un peuple formant une nation, sont arrivés à cette unité de complexion d'âme, on peut dire que la volonté du peuple et celle du chef n'en font plus qu'une, celle de la nation organique. Entre la volonté de la nation diffuse, inconsciente parfois, et celle du chef, lumineuse, concentrée, il n'y a pas un rapport d'analogie, mais le simple rapport d'une identité inexprimée à une identité exprimée. Et c'est pourquoi c'est folie d'essayer, devant un phénomène aussi nouveau que l'apparition historique de ce rapport d'identité, de chercher à définir avec des mots anciens la situation nouvelle qui en résulte. Il ne s'agit pas là de démocratie, ni même de dictature.

Lorsqu'un peuple arrive au privilège de cet état rare et même unique, la conscience nationale se définit par l'état identique chez tous de la lumière intérieure. Alors, mais alors seulement, la personnalité historique de la nation est dans son plein épanouissement. Il va sans dire que cette unité de complexion d'âme serait irréalisable si le chef cherchait à imposer par en haut ou par une pression externe un esprit nouveau créé de toutes pièces et sans aucune attache avec l'âme de chacun. Ce profond état d'esprit, explique Codreanu, qui est invisible et plus pressenti que perçu, ce n'est pas lui qui l'a créé. Il existait en puissance à l'état latent. Il a surgi du fait de la rencontre fécondante et créatrice de sa sensibilité avec la sensibilité du peuple roumain.

Il est né de l'apport de la conscience collective diffuse, de la conscience de la présence effective des morts de la patrie, d'une sourde mais invincible exhortation de la terre des ancêtres, de la croyance en Dieu et de Son soutien ; le tout cristallisé, amène à la lumière par la conscience, la présence, l'exhortation, la croyance et le soutien du chef. Alors, la Légion et la Roumanie ne feront qu'un. Alors le grand combat contre le refoulement national sera gagné. Alors devant la Roumanie ressuscitée, un monde nouveau se lèvera : le monde légionnaire.

III.   VERS LE TRIOMPHE PAR LE MARTYRE (1927- 1938-1940)

La Formation des premiers légionnaires.

Il est bien évident que lors de cette obscure soirée du 24 juin 1927, l'organisation de la Légion de l'Archange Michel, ainsi que sa substance spirituelle n'étaient pas aussi achevées que nous venons de les montrer. Ils étaient huit qui se groupaient aux côtés de Codreanu et qui allèrent, le lendemain, faire part de leur décision au professeur Cuza. Ce bon vieux doctrinaire les reçut avec une sympathie bienveillante et l'accent patriarcal avec lequel les vieux rejettent loin d'eux les trop juvéniles ardeurs. Quelques étudiants les rejoignirent bientôt et ensemble, ils envisagèrent exactement la situation paradoxale dans laquelle ils se trouvaient animés d'un vouloir qui n'a d'autre limite que le succès total, et possédant des moyens tellement minimes, qu'il paraît impossible de faire quoique ce soit. Mais qu'importe ! Est-ce que jamais les idées furent endiguées par la matière ? *« Par notre audace,* leur dit Codreanu, *nous devons bafouer cette mentalité atroce de domination de l'argent ».* Ce qui importe le plus et immédiatement, c'est de commencer l'éducation du premier noyau de légionnaires. Lentement Codreanu les initie à cette personnalité nouvelle qu'ils doivent redécouvrir. Sans jamais présenter sa pensée sous la forme systématique d'un programme, Codreanu forme les âmes de ses premiers camarades afin qu'ils soient prêts à affronter les épreuves. Il leur apprend ce qui sera plus tard la pensée de la Légion, à savoir que c'est par la souffrance que l'homme mesure sa valeur ; il les exhorte à s'aimer car cet amour est le seul garant de l'unité intérieure de la Légion ; il développe la foi dans leur mission ; il veille à ce que chacun sente communément, car, nous l'avons vu, ce n'est pas la communauté de la pensée raisonnante qui unit les hommes, mais une sensibilité commune. Il leur montre ainsi que lui-même est le premier éducateur de cette « école » de grandeur d'âme, que sera la Légion. Car si elle n'est pas cela, il vaut mieux, n'est-ce pas ? qu'elle ne soit rien.

Le premier Nid.

Quand tous les jeunes néophytes sont ainsi parfaitement pénétrés de la spiritualité légionnaire, ou tout au moins de l'essentiel, on prend, au foyer des étudiants, une chambre que l'on tapisse. On y met en bonne place, la symbolique icône de l'archange ; on inscrit au mur les maximes premières de la Légion : « *Ne chasse pas le héros qui est en toi* », et celle-ci empruntée à Sénèque « *Celui qui sait mourir ne sera jamais esclave* ». Déjà la Légion est placée sous le signe impérieux de l'acceptation volontaire et joyeuse de la mort. On a vu que ce signe était probablement le plus puissant, le plus profond, le plus attractif de tous les centres spirituels de la Légion. Et n'est-ce pas, en somme, le premier nid qui vient ainsi de se constituer, avec le privilège insigne que Codreanu en est lui-même le chef ? Quelle magnifique faveur n'eurent pas ces premiers légionnaires, de vivre ainsi journellement avec lui, exerçant les si délicates et si prenantes fonctions ! Cette chambre du foyer n'a pas encore le nom de nid, du moins en a-t-elle déjà tous les aspects. Et déjà, il convient que le nid se décide à rentrer dans la bataille. Il faut à ce nid une action extérieure, la même que celle qui par la suite, sera de rigueur pour chacun des milliers de nids qui se constitueront.

La revue Terre des Ancêtres connaît un immense succès

Cette première action extérieure du premier nid

légionnaire fut la fondation d'une revue. Elle avait pour titre La *Terre des Ancêtres*, car c'est décidément dans l'obédience au passé réel que l'on recherche la force de construire l'avenir. Et, comme le nid est pauvre, on s'adresse au père de Moța, qui est pope, et qui aura les moyens de faciliter cette tâche difficile. Les premiers articles de Codreanu furent sensationnels. Toute la Légion était là en puissance. Les idées maîtresses, essentiellement morales et remarquablement éloignées de toute politique sont ébauchées une à une, notamment dans le deuxième article où sont énumérées les « idées » et duquel nous nous sommes principalement inspiré pour notre essai de synthèse de la pensée légionnaire. Il n'en fallait pas plus pour que la spiritualité roumaine tressaillît. Le ton était à la fois magnifiquement nouveau, et cependant il réveillait des accents qui n'étaient pas inconnus, mais qui étaient perdus dans un lointain brouillard de l'âme. C'était comme un écho dans un immense silence. Codreanu pour la première fois dans l'histoire contemporaine de la Roumanie, venait de faire vibrer les âmes. En quelques jours la revue groupe plus de trois mille abonnés, ce qui a pour heureux effets – au point de vue matériel – d'en assurer pour assez longtemps la publication régulière.

Le premier serment des légionnaires

Les premiers légionnaires avaient donc fait leurs preuves par des actes. Ils peuvent maintenant prêter serment. Je trouve, quant à moi, admirable, que les premiers pas de la Légion se soient faits exactement selon le processus qui ensuite deviendra classique et obligatoire. Il semble que Codreanu, dès le début, n'ait rien laissé à l'improvisation, ou à l'incohérence. Et de même qu'il exigera deux ans, parfois davantage, du postulant, avant de lui faire prêter le serment qui le consacrera légionnaire, de même il exigea des tous premiers camarades un stage analogue, avant de les reconnaître comme indissolublement liés à la Légion. Et cependant, ces camarades-là avaient déjà fait leur devoir, et plus même. C'est le 8 novembre 1927, qu'eut lieu cette cérémonie. Après l'invocation à l'Archange saint Michel, aux héros de la Roumanie et à ses saints, les légionnaires prêtèrent le serment suivant :

« Peu nombreux, mais puissants par notre foi inébranlable en Dieu, par notre volonté de rester fermes au milieu de la tourmente, par notre détachement absolu de tout ce qui est terrestre, nous jurons avec bonheur de servir la Roumanie et la Croix ».

Puis, dans un geste symbolique, on mélangea un peu de terre prélevée sur tous les coins glorieux de la Roumanie, arrosée du sang des morts. Chacun en prit une parcelle, qu'il mit dans un sachet et suspendit le sachet à son cou. Les légionnaires étaient liés par serment aux morts du passé, et pour refaire la Roumanie. Ils avaient vu dans ce scapulaire patriotique, le symbole de leur volonté de servitude à l'idéal qu'ils s'étaient imposé.

Le premier appel aux masses. Codreanu exerce sur les foules une invincible attirance

Ainsi, deux ans durant, la Légion, strictement fermée, ne s'élargit qu'avec lenteur et prudence. L'œuvre essentielle d'éducation, cependant s'acheminait à sa perfection. Et de chaque légionnaire devenu véritablement un homme nouveau, Codreanu savait pouvoir attendre qu'il soit un apôtre plein de zèle, irradiant de croyance, désireux du martyre. C'est le 8 novembre 1929, qu'il décide de s'adresser aux masses. Le premier appel reste comme l'une des plus étonnantes aventures qui se puisse imaginer. Nous n'avons pas, et à la vérité, nous ne pouvons pas avoir ici, la moindre idée d'une propagande adoptant les moyens qui furent ceux de Codreanu à ce moment. Mais Codreanu avait au suprême degré l'intuition des besoins et des instincts du peuple roumain. Et cette intuition lui permettait d'avoir de l'âme roumaine, et même de ses complexes inconscients, dont on sait aujourd'hui le rôle essentiel, une connaissance d'autant plus parfaite qu'elle était une connaissance du dedans, quelque chose comme cette fusion, cette identification de la connaissance et de son objet, qui est pour la philosophie contemporaine le mode le plus parfait et hélas le plus rare de l'appréhension intellectuelle. Le 15 décembre, Codreanu s'en va, à cheval, de village en village. Les paysans curieux, se groupent autour de lui et des quelques légionnaires qui l'accompagnent et qui ont revêtu le costume national. Il y a là aussi, un grand étendard de l'Archange et Codreanu, sublime pèlerin, tient une croix dans sa main gauche. Il parle, sans éloquence, le langage des prophètes. Il dit que des temps nouveaux vont arriver, que la résurrection de la Roumanie est proche, et que les Roumains doivent avoir l'âme pure. Pas un mot de politique, ni de démagogie. Cependant, Codreanu est passé et sa trace est ineffaçable. Le souffle de la résurrection a été senti par ceux qui l'ont entendu. Celui-là est bien l'homme qu'il faut à la Roumanie. De village en village, la nouvelle se propage, qu'un prophète s'est levé. Lorsque, à la nuit tombante, la caravane approche des bourgades, les paysans sont là, torches à la main, qui l'attendent et se disputent entre eux le privilège de loger Codreanu. Des villages voisins des émissaires viennent le supplier « Quand donc viendrez-vous chez nous ? ». On croirait lire une page d'Évangile. Et la caravane, à chaque halte, s'accroît de cinq ou dix paysans qui, laissant là leur famille et leurs biens, suivent les légionnaires et vivent avec eux. Ce curieux phénomène ne peut s'expliquer que par l'invraisemblable pouvoir d'attraction personnel qu'exerçait Codreanu, pouvoir que tous ceux qui ont eu le privilège de l'approcher ont reconnu, qu'ils aient été sympathisants ou adversaires. C'est une véritable fascination mystique qu'il exerçait sur tout le monde. Le voir constituait dans la vie d'un homme un événement qui ne pouvait s'oublier.

Premières persécutions de Calinesco. Dissolution de la Garde de fer (11 janvier 1931).

Devant le succès sans précédent de ces manifestations successives, Codreanu qui vient d'organiser la Garde de fer sur ses bases perpétuelles (février 1930), décide d'entreprendre, en Bessarabie, une tournée analogue à celle qu'il venait de faire en Moldavie. Il ajoute une préparation plus minutieuse, lui donnant l'aspect d'une opération militaire. Le ministre intimidé ferme les yeux devant cette expédition mais le sous-secrétaire d'État à l'Intérieur Calinesco pressent, avec une parfaite vision des choses, tout ce que la Garde de fer représente de danger pour le régime, si elle se développe ; il interdit la manifestation grandiose projetée. Les vingt mille paysans qui attendaient Codreanu avec une impatience frénétique ne comprirent pas cet arrêté gouvernemental, et ils continuèrent d'accorder leur confiance à celui sur lequel à nouveau s'abattait la répression officielle. Calinesco – nous rencontrerons maintenant à chaque instant ce petit homme borgne, qui livrera contre la Garde de fer un combat sans merci, tantôt perfide, tantôt déclaré – profita d'un attentat contre un sous-secrétaire d'État, commis par un obscur étudiant non-légionnaire et d'un attentat contre un journaliste commis par un étudiant légionnaire cette fois-ci, pour prononcer pour la première fois, la dissolution de la Garde de fer (11 janvier 1931). Bien entendu, vu l'organisation interne du mouvement, une telle mesure s'avère d'une inefficacité qui bouleverse les pronostics gouvernementaux. Codreanu, une fois de plus, est arrêté comme complice moral des deux attentats ; mais le chef d'inculpation n'est pas retenu par le juge d'instruction, qui ordonne sa libération. Codreanu, toutefois, avait passé injustement un mois et demi en prison. Sa persévérance et sa ténacité n'en sont pas ébranlées. Au contraire, nous l'avons vu, c'est avec joie qu'il acceptait ses souffrances qui le purifiaient, et le rendaient plus digne à ses propres yeux de sa mission et de sa fonction de chef de la Légion. N'était-il pas juste, devait-il penser, qu'étant le chef suprême, il soit le membre de la Garde qui totalise la plus grande quantité de souffrance ? Cette quantité n'est-elle pas le critère de l'élite dans l'esprit légionnaire ? Et n'avait-il pas dit que si le Nid et le Camp sont les organes normaux de la Communauté légionnaire, la prison en est un, extraordinaire mais le plus parfait de tous ?

Premier succès électoraux. Codreanu rentre au Parlement.

En 1931, à la suite de la démission du Gouvernement, de nouvelles élections générales ont lieu en Roumanie. Le Chef de la Garde de fer, dissoute, décide d'accepter le combat, et ses candidats se présentent purement et simplement sous le vocable : Parti de Cornéliu Codreanu. La lutte électorale fut violente et même sanglante. Les légionnaires n'eurent pas d'élus, à cause d'une invraisemblable clause constitutionnelle insérée dans la loi électorale roumaine. Nous aurons l'occasion d'en parler à propos du magnifique succès parlementaire en 1937. Par contre, lors d'élections partielles en août 1931 et en avril 1932, la clause ne jouant pas, Codreanu et son père rentrent au Parlement. Ce succès relatif émeut le Gouvernement, qui prononce pour la deuxième fois la dissolution de la Garde. Ce qui est un singulier aveu d'impuissance. En juillet 1932, nouvelles élections générales. Codreanu fait rentrer au Parlement cinq de ses camarades, dont Stelesco, que ce succès grisera et qui ne tardera pas à trahir.

Bien entendu, nous n'avons pas l'intention d'accorder une grande importance au travail parlementaire des députés légionnaires. À le faire, nous trahirions l'esprit même de leur participation à ce rouage démocratico-constitutionnel. Codreanu fera du parlementarisme une critique âpre et définitive, soulignant son impuissance et sa corruption. Nous ne saurions toutefois passer sous silence le premier discours du Capitaine de la Garde, ainsi qu'une de ses plus significatives interventions. Dans son premier discours, Codreanu demande l'institution de la peine de mort pour châtier « ceux qui se sont appropriés frauduleusement les deniers de l'État ». Hypocritement, un député crut gêner le Chef légionnaire par cette interruption : « *Vous vous dites chrétien, et champion de l'idée chrétienne. Je vous rappelle que votre exigence est antichrétienne.* » À quoi Codreanu répondit avec dignité et sainte violence :
« *Monsieur, lorsqu'il s'agit de choisir entre la mort de ma patrie et celle d'un bandit, moi, je préfère celle du bandit. Je crois que je suis un meilleur chrétien si je ne permets pas au bandit de mener mon pays à la destruction* ». Dans une

autre intervention qu'il fit contre le Gouvernement, (lequel venait de prendre de draconiennes mesures contre des ouvriers grévistes, et les avait même faits mitrailler, sous prétexte d'anticommunisme !), Codreanu déclara : « *Moi, et les hommes de bon sens, nous n'avons peur ni du Communisme, ni du Bolchevisme. C'est autre chose qui nous fait peur : c'est que les ouvriers de ces ateliers n'ont pas de quoi manger. Ils ont faim … Il faut satisfaire à ces deux besoins : la faim, et la soif de Justice* ».

Un grand camp de travail : ""La Digue"

Mais le vrai travail se poursuivant selon des méthodes déjà bien arrêtées, et bien entendu hors de toute compromission constitutionnelle, le 10 juillet 1931, Codreanu décide la généralisation des camps de travail sur le modèle de celui qu'il avait créé pour construire le Foyer des Étudiants chrétiens à Jassy. Il crée un immense Camp de Travail, avec un but parfaitement défini, construire une digue de manière à éviter les débordements catastrophiques et périodiques de la rivière Buzeu. Puisque le Gouvernement ne remplissait pas son devoir en négligeant cette construction d'utilité publique, les légionnaires suppléeraient à cette criminelle carence. Il n'est pas besoin de souligner ce que la réalisation d'un tel projet eût acquis de sympathie à la Légion. Le ministre de l'Intérieur, Calinesco (toujours lui !), ne s'y méprit pas ; il fit arrêter dès le début, les cinq cents travailleurs légionnaires. Codreanu répondit à cette provocation par une lettre non équivoque au Président du Conseil, lui disant notamment « *J'ai dressé ces jeunes gens à l'école du Sacrifice et de l'Honneur. La mort, oui ! l'humiliation, non !* ». Ces mots furent-ils compris comme un avertissement ? Toujours est-il que dès ce moment la répression contre la Garde se fit plus serrée.

L'équipe de la Mort.

Une équipe spéciale de propagandistes fut aussi créée sous le nom « *L'équipe de la Mort* ». Elle comprenait des hommes qui, volontairement, s'étaient offerts individuellement à Codreanu pour mourir pour lui, la Légion et la Roumanie. Ces hommes allaient en camions, de villages en villages, et chantaient des hymnes patriotiques ou des chants légionnaires. Ils avaient aussi leur hymne à eux. Le lecteur jugera de lui-même de l'esprit magnifique qui animait cette troupe d'élite, par les quelques strophes suivantes :

Nous sommes l'Équipe de la Mort.
Nous descendons de Moldavie.
Nous avons jeté les dés du sort.
Ou vaincre, ou bien perdre la vie !

Dans le pays, la détresse est grande.
Car l'étranger comme un maître commande.
Et le Roumain dans sa propre maison
N'est qu'un mendiant en sujétion.

C'est pour cela que dès aujourd'hui
Nous commençons le Grand combat ;
Pour chasser hors de la Patrie les bandits,
Et la nettoyer du haut en bas.

En rang avec le Capitaine,
Avec joie nous accueillerons toutes les peines.
Par-dessus les cadavres des bourreaux,
Nous construirons un pays nouveau.

Nos lèvres ont le sourire pour décor.
La Mort ? C'est de face que nous la regardons.
Nous sommes l'Équipe de la Mort.
Ou nous vaincrons, ou nous mourrons !

De semblables tournées n'avaient en soi rien qui fut illégal. Et quand ces rudes hommes étaient arrêtés, ce qui était de règle, ils pouvaient dire « *Nous ne faisons rien ; nous marchons et nous chantons !* ». En réalité, Calinesco savait parfaitement l'écho de sympathie que de tels accents réveillaient dans le peuple. Et plus que jamais il était décidé à tout faire contre la Garde. De son coté, Codreanu qui sentait se lever délibérément contre la Légion la répression officielle et qui, par contre, ne la sentait pas encore parfaitement prête à affronter déjà les épreuves suprêmes, recommandait la prudence, et donnait l'ordre d'éviter tout acte qui put fournir un prétexte à Calinesco. Mais la chute du Gouvernement, l'arrivée au pouvoir des Libéraux, en la personne de Duca, qui s'était fait fort de réduire la Garde à zéro, créèrent une situation nouvelle, et firent entrer le conflit dans sa phase aiguë. La Garde affronte dès maintenant le martyre.

Nouvelle dissolution de la Garde. Exécution de Duca. Procès et acquittement.

Duca fut appelé par le Roi, parce qu'il avait les faveurs de Madame Lupescu. On rougit d'avoir à écrire le nom de cette courtisane dans un livre où on eût voulu tout faire pour en maintenir l'ambiance d'honneur et d'héroïsme. Hélas, cette femme a fait tant de mal à ce pays qu'on ne peut omettre de la nommer. Le nouveau Président était aussi l'homme de Titulesco, grand orateur de la Tribune de Genève, curieux et dangereux bonhomme, pour qui la spiritualité légionnaire était absolument inaccessible, qui l'estimait du reste mythologique, relevant plutôt de la médecine psychiatrique, que de la politique. Quant à Duca lui-même, peu avant de prendre le pouvoir, il avait manifesté publiquement sa haine de la Garde, et s'était plaint de la faiblesse de Calinesco ! Jamais, l'hostilité à la Garde n'avait paru aussi décidée, aussi cohérente, aussi puissante. Pour la troisième fois la Garde fut dissoute.

La réponse ne se fit pas attendre. Le 20 décembre 1933, alors qu'il attendait son train sur le quai de la gare de Sinaïa, Duca paya de sa vie son intolérable audace. Les trois légionnaires qui avaient procédé à son exécution, allèrent se constituer prisonnier, selon la tradition légionnaire.

Ils étaient trois. Leur popularité dans la Légion fut immense. On les appela les Nicadors, mot formé des premières lettres du prénom de chacun. Et aujourd'hui encore, ces Nicadors, entrés dans la glorieuse légende des martyrs de la Légion, restent le type le plus pur du héros. Dans la chanson de la Sainte Jeunesse légionnaire, n'est-il point dit :

Nous construisons des Églises
et restons courageusement dans les prisons.
Parmi les pires persécutions.
Nous chantons en pensant aux Nicadors !

De cette date, s'ouvre la douloureuse période que

les Légionnaires appellent « la Terreur ». Le Gouvernement ne se contenta pas de faire inculper les trois auteurs matériels du meurtre, mais plaidant la responsabilité morale des chefs de la Légion, il prétendit monter un procès monstre à grand spectacle. De plus, comme le Général Cantacuzène était inculpé, et que l'état de siège avait été décrété, la compétence juridique fut accordée à un Tribunal de Généraux.

L'âge et l'indépendance morale de ces derniers en firent des juges impartiaux, rebelles aux mots d'ordre gouvernementaux. Et une fois de plus, tout le monde fut acquitté, sauf, bien entendu les trois légionnaires, auteurs de l'exécution.

Fondation d'un parti légal "Tout pour le Pays."

Comme bien l'on pense, ce procès, et cet acquittement, prononcé par des juges intègres, eurent dans l'opinion un retentissement considérable. Si la Presse juive ne décolérait pas, ne parlant de Codreanu que comme d'un anarchiste, d'un terroriste, ou d'un hitlérien (lui, si attaché aux plus dures disciplines personnelles, et si jaloux de l'indépendance morale de la Roumanie !), l'opinion semblait de plus en plus prête à accepter de se laisser conduire par les légionnaires, dont la réputation de courage et d'héroïsme moral avait couru tout le pays. Codreanu profita de la détente que représenta l'accession au pouvoir de Tataresco, homme timide et timoré, qui ne voulait pas – disait-il – « *qu'on lui élève bientôt autant de statues que celles déjà élevées à Duca* », pour faire fonder par son ami et disciple, le Général Cantacuzène, un parti politique proprement dit, conforme à la législation en vigueur et prêt à jouer le jeu constitutionnel. Ce Parti eut pour nom : « *Tout pour le Pays* ». Son organisation dédoublait celle de la Légion ; et personne ne put se tromper sur la nature de ce Parti, puisque le fondateur Cantacuzène, en annonçait la création à peu près en ces termes : « *Mon chef politique Cornéliu Codreanu, m'a chargé de fonder un Parti...* » (novembre 1934).

Exécution de Stelesco, traître à la Légion et à son Chef.

C'est en 1935, que se place l'un des rares faits de traîtrise caractérisée, que la Légion aura à enregistrer. Il sera commis par Stelesco, un jeune Moldave qui avait fait la connaissance de Codreanu en 1930, lors des premières et épiques tournées à cheval de villages en villages. Il devra à Codreanu son siège de député, et bien qu'il ait été au moins jusqu'en 1932, l'un des premiers lieutenants de Codreanu, il n'hésitera pas à l'accuser publiquement et à écrire contre lui des articles absolument ignobles, qui n'eurent pour effet (comme toujours dans ces cas-là), que de déshonorer son auteur. Cette odieuse attitude s'aggrave du fait que le journal de Stelesco était payé par le Gouvernement, que Stelesco menait une vie scandaleuse, et refusait de se plier à la discipline légionnaire. Cette trahison publique, et qui n'était pas seulement un abandon, mais une attaque, si sale que la Légion entière en était atteinte, était vraiment intolérable, non seulement pour Codreanu, mais pour chacun des légionnaires qui ne pouvait plus longtemps supporter de voir le Capitaine ainsi traité par un traître.

Toujours est-il que Stelesco fut exécuté, dans l'hôpital où l'on traitait son appendicite, en 1935, par dix légionnaires qui, eux aussi, furent assassinés le 30 novembre 1938, avec Codreanu. Quant à Stelesco, il avait écrit « *L'histoire nous jugera sur ce que nous aurons fait.* » Il reste devant l'Histoire, comme le modèle le plus odieux et le plus vil de la trahison et du parjure.

Le sacrifice volontaire de Moța. Son apothéose à travers toute la Roumanie. La création du corps d'élite Moța Marine.

À l'été de 1936, dix mille légionnaires voulurent s'engager comme volontaires dans l'armée chrétienne et nationaliste de Franco. Codreanu cependant, devant l'impossibilité de cet exode massif, désigna, parmi l'élite et la hiérarchie légionnaires neuf membres, qui sous la direction du Général Cantacuzène lui-même, iraient combattre en Espagne. Pour montrer tout le poids qu'il attache à cette délégation, il nomme en premier lieu son beau- frère : Moţa, qui depuis 1922 est à ses côtés, a été emprisonné avec lui à la prison de Văcăreşti et qui était tenu pour le premier légionnaire, après Codreanu lui-même. C'est à cette occasion que se manifeste en Moţa l'extrême grandeur à laquelle peut parvenir le sacrifice légionnaire accompli volontairement. Persuadé que la mort est créatrice et féconde, Moţa part pour l'Espagne dans le but bien arrêté d'y mourir. Il dit adieu à sa femme, il écrit son testament (qui reste un document absolument sublime), il laisse pour son fils une lettre qui ne devra être lue qu'à ses vingt-et-un ans (lettre que la Police saisira, et détournera) tout cela témoigne de la volonté bien délibérée de Moţa de ne pas revenir. Il part pour l'Espagne, non pas comme un volontaire ordinaire, mais comme une victime expiatoire, afin que son sang répandu serve la cause de la Chrétienté contre la barbarie, et afin qu'il anoblisse et serve la Légion. Dès les premiers jours de 1937, Moţa et Marine engagés dans le Tercio, trouvent la mort en combattant. Codreanu, très douloureusement frappé dans son cœur, ordonne de faire rentrer les corps en Roumanie. Et c'est la funèbre, mais magnifique et inoubliable exaltation des morts, par une population enthousiasmée de respect devant la Mort, volontairement consentie et l'esprit magnifique de la Légion. À la frontière, les corps sont chargés sur un train spécial. À chaque gare, les prêtres viennent les bénir et la foule se recueillir. On traverse ainsi du Nord au Sud dans un cortège triomphal, toute la Bucovine et toute la Transylvanie, province natale de Moța. Puis, on revient sur Bucarest, traversant cette fois la Roumanie d'Ouest en Est. Dans la Capitale, la plus grandiose cérémonie qui se puisse imaginer, attendait les héros. Plus de deux cent mille personnes, des archevêques, des évêques, des prêtres, des membres de l'Ordre de Michel le Brave, des fonctionnaires, des officiers supérieurs de l'Armée, des membres du Corps diplomatique, et la foule, la foule anonyme et immense... La Garde fut ce jour-là à son apothéose.

Le Sacrifice de Moța à peine consommé, se révélait n'avoir pas été vain, puisque d'un coup il contribuait à porter la Légion sur les sommets. Après cette grandiose cérémonie, Codreanu fonda le Corps d'élite Moța-Marine. Ce corps comprenait au maximum dix mille membres, tous prêts au sacrifice suprême, et engagés à s'y donner par le serment que nous avons reproduit à propos de l'élite légionnaire. Et Codreanu disait, aux premiers membres de ce Corps :

« Il faut mettre le cœur, le front et le corps de Moța ainsi que ceux de son camarade Marine comme base de la Nation roumaine. Qu'ils soient le fondement des futures grandeurs roumaines dans les siècles à venir. Mettons Moța et Marine comme base de la future élite roumaine... Vous qui représentez les premières de ces élites, il faut que vous vous engagiez, par serment, à vous comporter de telle sorte que, vraiment, vous soyez pour ces futures élites, une base saine, pleine de grandes possibilités ; il faut que vous défendiez le mouvement légionnaire, afin qu'il ne glisse pas sur le chemin des affaires louches, de la vie facile, de l'immoralité, de la satisfaction des ambitions personnelles, ou de la convoitise des grandeurs d'ici-bas. Vous allez jurer que vous avez compris, qu'il n'y a plus dans votre esprit aucun doute, que Moța et Marine n'ont pas consenti le sacrifice suprême pour que nous, ceux d'aujourd'hui ou ceux de demain, nous puissions simplement organiser sur leurs tombes de scandaleux banquets. O Moța, tu n'es pas mort pour cela. Ton sacrifice a été fait pour ton peuple. Vous allez donc jurer que, dans notre langage, le fait d'être élite légionnaire ne signifie pas seulement combattre et vaincre, mais principalement se sacrifier d'une façon permanente et personnelle pour le service de la Nation ; vous avez compris que l'idée d'élite est liée à l'idée de sacrifice, de pauvreté, de vie dure et austère et que, là

où s'arrête le sacrifice, là aussi s'arrête l'élite légionnaire ».

Mon Dieu ! Que ces accents sont sublimes, et comme il faut avoir travaillé en profondeur l'âme de ses hommes pour que de telles perspectives ne soient pas seulement de belles homélies mais des puissances efficientes d'action ! Comment voulez-vous que contre une force unifiée dans une telle spiritualité commune, le misérable borgne de Calinesco ou l'ignoble jouisseur du trône, puissent faire quoique ce soit d'efficace ? La Garde dans cet esprit et par son élite sera d'autant plus forte qu'elle sera plus frappée. La magnifique manifestation collective de sympathie qui suivit le sacrifice de Mota est plus qu'un symbole ; elle exprime cette réalité si conforme à la spiritualité légionnaire que la mort est par elle-même une puissance créatrice attractive, et qu'il n'y a de triomphe que par elle. N'est-ce pas cette idée évangélique que le grain ne germe pas si d'abord il ne meurt ?

Succès électoral foudroyant de 1937.

Cette même année, en novembre, élections générales. Le Parti « Tout pour le Pays », affronte pour la première fois la bataille électorale. Cette bataille est en Roumanie d'un genre tout particulier, pour trois raisons : la loi électorale, la corruption électorale, la pression gouvernementale sur les élections. La loi électorale roumaine était absolument unique en son genre. On vote au scrutin de liste départementale. Et on applique, pour l'attribution des sièges à chaque Parti, la répartition proportionnelle, avec cette scandaleuse clause restrictive, que si un Parti obtient 40 % des voix, il a droit, outre au nombre de sièges que lui assigne la répartition, à la moitié des sièges restants à répartir. Cette clause a été insérée dans la loi, pour assurer une certaine majorité cohérente, malgré l'extrême multiplication des Partis. Ne vit-on pas dans un département, jusqu'à 53 listes concurrentes ? En réalité, c'est une clause qui a toujours joué en faveur du Gouvernement au pouvoir, lors de la campagne électorale.

On n'avait jamais vu, en effet, un Gouvernement ne pas obtenir les fameux 40 %. Il est vrai que les moyens utilisés étaient destinés à exercer une pression absolument scandaleuse sur l'électeur et que d'autre part, le Gouvernement donnait l'exemple de la fraude et de la corruption électorales. On ne comptait plus en Roumanie les urnes sans fond, ou au contraire les urnes à moitié pleines avant l'ouverture même du bureau de vote. Les gouvernements avaient inventé mieux que cela même et pour empêcher les villageois de se rendre au canton pour voter, l'autorité préfectorale déclarait, quelques jours avant les élections, que tel village était « contaminé », ce qui entraînait comme mesure administrative l'installation d'un cordon sanitaire de police, interdisant de sortir du village. Le jour des élections passé, la maladie du village était déclarée guérie et le cordon retiré. Nous n'avions tout de même pas encore vu cela en France ! La propagande électorale du Parti fut assurée, bien entendu, par les membres de la Légion ; ce qui donna à Codreanu plus d'agents électoraux (si l'on peut dire), que n'en avait aucun autre chef de Parti. En réalité, aucun des « agents » de Codreanu n'était payé, contrairement à l'usage et les tracts ou brochures remis à la population devaient être payés par elle. Le public ne manqua pas de voir là le signe certain de la pauvreté et donc de l'honnêteté du mouvement. Conformément à un ordre du Capitaine, la Propagande devait être simple et positive, s'attachant plus à faire connaître positivement la Garde, qu'à attaquer ses adversaires. Le tract qui fut le plus largement diffusé à cette occasion portait ces simples mots : « *Capitaine, tu dois rendre notre pays de Roumanie aussi brillant que le soleil au firmament* ». Certes, nous n'avons en France aucune idée d'une bataille électorale, menée sur de telles formules.

On en profitait pour jeter dans tous les villages où l'on passait, les bases de futurs Nids. Et l'agent électoral initiait les sympathisants à la vie légionnaire. On chantait des hymnes patriotiques et les chants légionnaires. On recommandait à ceux qui avaient été touchés de rester constamment en contact, de chanter entre eux, de ne pas parler mais de faire voir qu'ils étaient acquis à la Légion : Bref, il faut croire qu'un formidable travail d'infiltration fut fait, puisque, sans qu'aucun grand meeting, au sens propre du mot n'ait eu lieu, Codreanu eut 72 députés élus, infligeant ainsi, pour la première fois, au Gouvernement, de n'avoir pas les 40 % réglementaires. Succès sans précédent, mais dangereux : car, devant l'impuissance du Parlement à assurer un Gouvernement stable, le Roi va faire figure d'arbitre, puis de solution au problème politique ainsi créé. Or, le Roi est l'ennemi juré de la Garde, car ce présomptueux et infatué souverain est jaloux de Codreanu, et craint que le Capitaine de la Légion ne prenne un jour sa place.

Vers la dictature royale.

C'est maintenant que commence le grand désarroi politique de la Roumanie. Le Roi, qui ne peut appeler au Gouvernement, ni un libéral, ni un national-paysan, ne veut pas se résoudre à solliciter Codreanu, qui d'ailleurs refuserait. Dès lors, abandonnant délibérément l'espoir d'avoir un

Gouvernement jouissant de l'appui parlementaire, le Roi fait appel à M. Goga, membre du Parti de Cuza, antisémite acharné. Il espère ainsi satisfaire les légionnaires. Mais c'est mal les connaître que de croire les détourner du véritable combat légionnaire, en leur jetant en pâture un antisémitisme violent. Au reste – et le fait est d'importance – les premières mesures sont à peine prises par Goga contre les Juifs, que les trois États juifs du monde, l'Angleterre en tête, suivie des États-Unis et de la France, protestent énergiquement et que l'Angleterre fait remettre à plus tard un voyage que le Roi Carol devait entreprendre en Angleterre. Le Roi comprend la pression qui est faite sur lui, et s'y soumet. Prenant comme prétexte un dossier de police, monté par Calinesco, qui a le portefeuille de l'Intérieur, il renvoie Goga, décide de gouverner dictatorialement, octroie au peuple roumain une Constitution que celui-ci sera appelé à ratifier sans la connaître, appelle au Gouvernement le Patriarche de l'Église orthodoxe, homme compromis s'il en fut, tant nationalement que moralement, et, s'appuyant sur l'Armée, inaugure la tyrannie de la Couronne dont, à travers le monde, la Presse juive et maçonne sera chargée de chanter les louanges, de démontrer l'extrême sagesse, et la grande modération.

Calinesco tente quelques coups contre la

Garde.

Calinesco est encore, immuablement, ministre de l'Intérieur. Les pleins pouvoirs vont lui permettre d'agir contre la Garde avec une férocité qui ne va pas se démentir, et sans être inquiété d'avoir à rendre des comptes de ses actes à autre que le Roi lui-même. Mais c'est bien le Roi, qui dès cette époque, est l'ennemi le plus implacable de la Garde. Prenant prétexte d'une lettre adressée par Codreanu à Iorga, dans laquelle le Capitaine de la Légion reprochait au grand nationaliste roumain d'avoir trahi les espoirs de toute une génération, Calinesco fait arrêter Codreanu et le fait inculper de menaces. Les Tribunaux, qui, dans le changement de régime ont perdu toute l'indépendance qui est seule garante de l'impartialité de la Justice, condamnent Codreanu à six mois de prison. *La Garde qui a des ordres formels ne bouge pas.*

Dans le même temps, les sbires de Calinesco procèdent à l'arrestation massive, indistincte et non motivée de tous les cadres légionnaires sur lesquels ils peuvent mettre la main. Ils sont envoyés dans des camps de concentration, tandis que ceux contre lesquels on a trouvé un prétexte pour les traduire devant les Tribunaux sont envoyés dans les mines de sel. La Garde, qui a des ordres formels, ne bouge pas.

La dernière condamnation de Codreanu. Le sauvage assassinat du Capitaine de la Légion.

Alors Calinesco s'enhardit. Il croit le moment venu de porter le coup fatal à Codreanu et à la Garde. Il fait traduire le Capitaine de la Légion devant un Tribunal d'exception, sous l'inculpation d'attentat à la sûreté de l'État, de haute-trahison et de compromission avec l'ennemi. On connaît cela ! Le procès est passionné. Codreanu, dix heures durant, témoignera sans réfutation possible de son innocence. Le Général Antonescu portera l'émotion à son comble, quand, simple témoin, il ira publiquement serrer la main du prévenu, qui est son ami et son Chef, et répondra au Président, lui demandant si en conscience, il croit à la culpabilité de Codreanu : *« Je ne serre pas, moi, la main d'un traître ! »*. La Presse, qui devait publier in-extenso tous les débats, recevra l'ordre dès le second jour, de s'abstenir, et ne pourra publier intégralement que le réquisitoire. Le procès devant l'opinion est gagné. Mais les juges asservis ont des ordres. Le Capitaine de la Légion de l'Archange Michel est condamné à dix ans de réclusion !

Calinesco respire. Il croit que tout est fini. La

Garde ne bouge pas. Mais non ! Le Roi est hanté, parce que son rival vit toujours. Cette présence en prison du si pur Capitaine est comme un cri de vengeance de toute la Légion. Le Roi veut que Codreanu meure. Il donne l'ordre à Calinesco d'exécuter cette ignoble mission. Le sale policier cependant, recule devant l'ignominieux attentat. Le Roi revient d'Angleterre, sur ces entrefaites, avec l'impérieux mandat : Codreanu doit mourir. Dans la nuit du 29 au 30 novembre 1938, le lendemain même du retour du Roi à Bucarest, Codreanu est assassiné, lâchement étranglé dans sa cellule par ses gardiens. Avec lui, treize légionnaires dont les Nicadors, trouvent une semblable mort. Pour donner une apparence, on simule une fuite des prisonniers : on tire à balles sur leurs cadavres. Mais, pris de panique, on ne sait que faire de leurs corps : Codreanu est mort ! Mais on le craint encore ! À bout d'expédients, on les arrose d'acide sulfurique, afin qu'ils brûlent.

Plus tard, quand pieusement, tes Camarades sont venus te rechercher, Codreanu, ils n'ont trouvé qu'un tas de cendres informes. Sur les traces de l'Archange, tu n'avais rien laissé à la terre et comme lui, tu avais pris ton envolée vers Dieu.

Épilogue

La Garde ayant perdu son Capitaine, n'est pas morte. Aucune plus grande épreuve ne pouvait lui être imposée que celle-là. Ce mouvement, tout de sacrifices, devait les connaître tous, jusqu'aux plus inouïs. Cette quantité de souffrance qui doit être immense si elle veut être digne de sa mission, la Légion l'accepte moins par résignation passive que par un état d'âme. Toute l'élite légionnaire n'a-t-elle pas été arrêtée indistinctement, après le procès de Codreanu ? Existe-t-il au monde un mouvement, un seul, qui survivrait en pleine persécution, à la disparition subite de son Chef ? La Garde a-t-elle connu, dans les premiers mois de 1939, une période de désarroi ? Non ! On se figure plutôt ces hommes traqués, cherchant dans le secret, à se grouper, à se reconnaître, à reformer une élite, à se redonner des cadres. Car tous les meilleurs sont en prison. Providentiellement, Codreanu a désigné son successeur. C'est Horia Sima, un intellectuel, mais qui a déjà beaucoup souffert pour la Légion ; et que le mandat dont il est investi par le Capitaine suffit à hausser au niveau de sa très lourde tâche. Les énergies se regroupent, l'esprit de décision renaît. La Garde, comme un immense Nid, a encore au moins une grande bataille à livrer : venger le Capitaine.

L'exécution de Calinesco. Les horribles

massacres commis par le Roi.

Le 20 septembre 1939, Calinesco est exécuté en pleine rue, par sept légionnaires. Ces héros volontaires, qui coururent au-devant de la plus effroyable mort, accomplirent cette mission comme étant le bras séculier de la Justice immanente de Dieu. Il fallait que Calinesco pérît, car le triomphe du crime est un scandale qui offense Dieu lui-même. Mais cette exécution allait raviver la haine royale. Le lendemain, tous les légionnaires des prisons et des mines de sel sont sauvagement assassinés ; et les préfets fournissent une liste de 6000 légionnaires à exécuter. Il y aura trente popes qui mourront : il y a des pères qu'on assassinera pendant qu'ils mangeront à la table de famille. Il y a des étudiants qu'on ratera et qui crieront, ivres de joie car le martyre leur est enfin donné : *« Je ne suis pas mort tirez donc encore. »* Il y a ceux qu'on noiera, ceux qui iront mourir dans les forêts et qu'on trouvera pétrifiés au sommet des arbres. Il y a ces immenses tas de cadavres habillés, qu'on jettera sur les places publiques ou les marches des tribunaux pour horrifier la foule.

Jamais tant de morts, jamais tant de sang, jamais tant de martyrs n'ont passé dans un mouvement. Le peuple entier s'incline, muet, sous l'infamante terreur d'un Roi qui déshonore sa Patrie. Contre le flot de sang qui avance dans le sens de l'histoire, le Roi n'a qu'une arme, qu'une défense tuer, tuer encore, tuer toujours. Il n'y a que les morts, pense-t-il, qui ne reviennent pas.

Le cortège triomphal des morts !

Mais si, Carol, les morts reviennent. Ils se sont tous relevés le 6 septembre 1940. Ce cortège qui défile en chemise verte devant les grilles de ton Palais royal, ce sont les morts.

Ces cris que tu entends, Ces pleurs qui t'horrifient, Ces voix qui ne te laissent pas un instant de repos, Cette atroce douleur, cette peur panique qui te prend, ce sont les Morts ! Ils sont tous revenus.

Ce sont eux qui prennent Antonescu par la main et le font Président du Conseil. Ce sont eux qui tiennent ton porte-plume et paraphent ton abdication.

C'est pour qu'ils ne te voient pas que tu te caches. C'est parce que tu as peur de leurs bras que tu fuis. C'est parce que tu sais bien que leur sang appelle ton sang que tu n'as plus qu'une idée, lâche, celle de fuir un pays que tu as trahi. Et ce spectre qui te hantes dans ton train, et tout ce qui obsède encore et tes jours et tes nuits, ton regard fuyant, ton geste hésitant, ta vieillesse même, Carol, Ce sont les morts qui sont revenus et qui gouvernent, Les Morts de la Légion. La Légion de l'Archange, Qui supplie la Justice de Dieu, que Sa malédiction s'appesantisse sur tes criminelles épaules.

ANNEXE

Je n'ai pas voulu briser l'ensemble historique que constitue la marche de Codreanu vers le martyre, en y insérant des considérations de politique positive. Il est toutefois singulièrement important de rapporter ici des extraits d'un mémoire qu'il adressait au Roi Carol. Ce document date des derniers mois de l'année 1936. Avec un prodigieux don d'anticipation sur l'avenir, Codreanu voit son pays impuissant à échapper aux douloureuses conséquences logiques d'une politique étrangère menée par Titulescu, plus orientée par la maçonnerie et l'antifascisme qu'inspirée par le souci de l'intégrité et la grandeur territoriales roumaines. À l'époque ce document fit scandale. Codreanu était en effet le seul roumain à oser réclamer une politique extérieure strictement nationale, dégagée de toute influence genevoise ou de tout servage d'anglophilie. Avec une netteté de langage qui exclut l'équivoque, il réclame que soient responsables dans leur personne, les hommes qui auraient conduit la Roumanie à son amputation. Ces accents sont d'autant plus pathétiques aujourd'hui que la Roumanie, amputée, connaît ces responsables. En Roumanie, si l'on avait écouté Codreanu, on eût évité de voir ce peuple éloigné de l'Europe Nouvelle et ne s'y insérant qu'après une défaite diplomatique. Les nations payent toujours leur paresse routinière. Hélas !

Voici les extraits du Mémoire de Codreanu au Roi Carol :

Majesté,

Nous ne désirons ennuyer personne avec nos opinions en matière de politique étrangère. Mais il s'agit aujourd'hui plus que d'une simple opinion, il s'agit de « l'avenir du pays ».

Nous sommes en droit de parler et de parler haut et avec hardiesse.

Tout ce que les hommes politiques roumains font en matière de politique étrangère, ils le font sur le compte de notre chair, de notre responsabilité. Bien ou mal, ils ont achevé de vivre leur vie. Maintenant, c'est la nôtre qui commence.

Il est affreux de penser que leurs faits et gestes d'aujourd'hui engagent

« grandement la responsabilité de notre génération ».

Nous tremblons à l'idée que nous, les jeunes d'aujourd'hui, serions condamnés à assister au démembrement ou seulement à l'amputation de la Grande Roumanie en paiement des péchés d'une « infâme politique étrangère ». C'est pourquoi je juge que nous, les jeunes, commettrions un acte de lâcheté si, dans ces heures décisives pour notre avenir, nous n'avions le courage de nous lever et de faire en sorte que notre voix soit entendue. Nous soumettons donc nos pensées à Votre Majesté.

I. Nous demandons que Votre Majesté exige de tous ceux qui mènent la politique étrangère de la Roumanie ou expriment des opinions à ce sujet, qu'ils « déclarent répondre sur leur tête des directives dont ils auront pris   la responsabilité ». Nous attendons également le même geste de grand courage et de grande chevalerie de la part de Votre Majesté en ce qui concerne la ligne de conduite royale dans la politique étrangère de la Roumanie.

Ainsi, au moment d'une catastrophe éventuelle, LE PAYS CONNAITRAIT ET LES RESPONSABLES ET LA NATURE DES SANCTIONS ENCOURUES.

C'est cela que nous prétendons exiger des hommes politiques roumains, et non des théories dont nous n'avons que faire. Une politique étrangère est « bonne » ou « mauvaise » non parce qu'elle est susceptible de démonstrations théoriques, mais quand ses résultats sont bons ou fatals pour le pays.

II. Si nous, les jeunes, nous sommes mis dans la situation tragique de faire la guerre aux côtés des forces bolcheviques contre celles qui défendent la civilisation chrétienne du monde, qui s'opposent à la démolition des églises, qui défendent les saintes reliques, qui empêchent la profanation des tombes des héros, nous déclarons ouvertement que nous tirerons, avec nos revolvers, sur ceux qui nous auront amenés à cette extrémité, et, parce que nous ne pourrons pas déserter, afin de ne pas commettre un acte de déshonneur, nous nous « suiciderons ».
Jamais la jeunesse de la nation roumaine ne combattra sous le signe de Satan et contre Dieu.

III. Ni la Petite Entente, ni l'Entente Balkanique n'existent. Qui croit en elles prouve qu'il n'a rien compris. Face à face s'opposent deux mondes. Sous leur pression, au moment de la guerre, toutes les combinaisons diplomatiques s'écrouleront comme châteaux de cartes. Ces deux mondes sont : les États de révolutions nationales, qui combattent pour la défense de la Croix et d'une civilisation millénaire, et, d'autre part, le bolchevisme et ses annexes, qui luttent pour l'anéantissement des nations et la démolition de la civilisation chrétienne. Ces derniers, le bolchevisme et ses annexes, seront défaits par les armées de la Croix et de l'ordre naturel du monde. Si c'est dans leur camp que les politiciens roumains nous mènent, la Roumanie sera effacée de la carte de l'Europe.

Cette phrase ne laisse aucun doute sur le sort réservé aux responsables, dans l'esprit même de Codreanu. Non seulement, dit-il, les ministres mais aussi le Roi doivent payer de leur tête les malheurs dont ils seront responsables.

IV. Le discours de Mussolini à Milan à l'attitude de grande inimitié et de grande intrigue que notre politique étrangère a prise à l'égard de l'« Italie fasciste » est une réponse qui nous déchire de douleur.

Cette politique s'est faite, durant quatorze années, l'instrument le plus infamant de la maçonnerie et du judaïsme. Au point où nous en sommes, c'est la maçonnerie et le judaïsme qui nous y ont menés. De ce point de vue, nous jugeons que leur homme, Nicolae Titulescu, a commis le plus grand crime contre l'avenir de l'État roumain.

Nous avons été le premier État du monde qui, dernier domestique du Judaïsme, se soit empressé, sur l'ordre juif, de « décréter » les sanctions contre l'Italie dans un moment pénible de son histoire.

L'Italie considère notre geste comme plus qu'un geste d'inimitié : comme un geste de trahison envers la race latine.

Qui pourrait encore s'étonner de la férocité du discours de Mussolini ? Devant cette situation, la première chose que nous ayons à faire, nous les jeunes, c'est de montrer du doigt tous ceux qui nous ont amenés là et qui, « en continuant sur cette route, nous conduisent à la mort ».

V. D'ailleurs, les politiciens roumains montrent la même haine implacable en politique intérieure : la politique d'inimitié, de grande intrigue, de grande persécution à l'égard de la jeunesse nationaliste du pays, sur l'ordre de la maçonnerie et sous la pression quotidienne de la presse juive.

Depuis les odieuses mises en scène et intrigues, depuis les coups les plus cruels et les lois de provocation, telle la plus récente sur les camps de travail, jusqu'aux formes élégantes des nouvelles organisations de la jeunesse, tout est dirigé contre la jeunesse nationaliste pour l'éloigner de la ligne de sa mission, de son destin.

Il existe donc une concordance parfaite entre la politique extérieure et la politique intérieure roumaines, issues toutes deux du même fond, maçonnique et juif, de haine contre l'idée nationale et contre la chrétienté.

VI. Le pays entier doit vibrer, s'élever et affronter ceux qui préparent sa mort. Tous ceux qui aujourd'hui se trouvent dans la ligne du destin et de l'histoire de la Roumanie, ont le devoir d'exiger et d'imposer que la politique roumaine, intérieure et extérieure, soit soustraite à l'influence et aux ordres de la maçonnerie, du communisme et du judaïsme. C'est la seule mesure de salut qui s'impose dorénavant à notre nation.

D'où vient que des pays sont marqués d'un signe fatal, et n'écoutent que trop tard les voix qui leur crient par où ils doivent chercher leur salut ? Pauvre France ! Pauvre Roumanie !

Et encore, non !

Heureuse Roumanie qui a trouvé dans la suprême souffrance, le suprême sursaut, et qui est déjà parvenue, d'un seul bond, à s'insérer dans l'esprit nouveau et à se ressusciter.

Heureuse France aussi, bien que plus timide et sans doute moins volontaire, elle espère illusoirement se tirer de sa détresse sans trop se remuer. Heureuse quand même, car il y a, en France, des Français prêts à tout pour que la Révolution de la France s'accomplisse totalement, sans frein, sans hésitation, dans la souffrance et l'enthousiasme.

L'heure des héros a sonné en Europe. Malheur aux Nations sans héros !

https://bibliothequedissidente.com

Une édition traduite, corrigée et augmentée, exclusivité
de la maison d'édition Bibliothèque Dissidente
Dépôt légal : février 2019

www.ingramcontent.com/pod-product-compliance
Lightning Source LLC
Chambersburg PA
CBHW060357290526
45791CB00002B/542